RUDOLF und HELENE RIEDINGER

EINFACHES WEBEN

RUDOLF und HELENE RIEDINGER

EINFACHES WEBEN

Eine Anleitung nach den Mustern und der Technik der Indianer Guatemalas

VERLAG PAUL HAUPT BERN UND STUTTGART

CIP-Kurztitelaufnahme der Deutschen Bibliothek
Riedinger, Rudolf:
Einfaches Weben: e. Anleitung nach d. Mustern u.
d. Technik d. Indianer Guatemalas /
Rudolf u. Helene Riedinger. – Bern, Stuttgart:
Haupt, 1980.
ISBN 3-258-02960-1
NE: Riedinger, Helene:

Fotos, Zeichnungen, Layout: Riedinger, Wien

Für Regina und Helmut Pak

Wir danken unsern Freunden Verena und Jakob Knecht,
Andrea Liebl, Ulrike Pinter und Rolf Ulbing für Rat und Hilfe
und der Firma Kodak für das Diamaterial

INHALTSVERZEICHNIS

VORWORT

Schon seit Jahrtausenden weben die Maya und ihre Nachfolger im Hochland von Guatemala auf dem einfachen Hüftwebgerät ihre farbenfrohen Trachten mit den alten indianischen Motiven.
Auch Sie können dieses zusammenrollbare, transportable Webgerät selbst herstellen. Wir haben bei Indianern in Guatemala gelebt und gewebt, aufgezeichnet und fotografiert, um Ihnen mit schrittweisen Anleitungen das Selbermachen zu Hause zu ermöglichen.
Sie finden in diesem Buch sowohl einfache Figuren als auch kompliziertere, sehr fein ausgeführte Muster, die Sie auf jedem herkömmlichen Webrahmen anwenden können.
Es bietet Anregungen durch viele Beispiele und Vorlagen, will Sie aber auch zum schöpferischen Selbstgestalten anleiten, zum kreativen Entwerfen eigener Webmuster, über eigenwillige Farbkombinationen bis zur Verarbeitung der gewebten Stoffe angelehnt an die Indianertracht.

Kirche in Antigua nach dem Erdbeben

Mittels eines Stirnbandes (mecapal) trägt dieser Bub schwerste Lasten

Friseur in Nebaj

LAND UND LEUTE

MEXICO
Dschungel
Tikal
BELIZE
DER QUETZAL, DAS WAHRZEICHEN VON
GUATEMALA
KARIBIK
Todos Santos
Chajúl
Cotzal
Cobán
Ixtahuacán
Nebáj
Aguacatán
Quiriguá
Berg-
Zacualpa
Nahualá
Chichicastenango
San Martín Chile Verde
Sololá
San Juan Sacatepéquez
Santiago Atitean
ATITLANSEE
San Pedro Sacatepéquez
San Lucas Toliman
Guatemala City
Antigua
San Antonio A.C.
Santa María de Jesús
land
HONDURAS
EL SALVADOR
PAZIFISCHER OZEAN

Wir hatten auf unserer einjährigen Reise durch Lateinamerika gerade ein paar Monate in Mexiko verbracht und wollten weiter nach dem Süden. Begeisterte Erzählungen anderer Reisender machten uns schon sehr neugierig auf Guatemala.

Gerade das dichtbesiedelte Hochland mit seinen Bergen, Feldern, Dörfern, Vulkanen und Seen ist der zentrale Lebensraum der heute noch lebenden Maya-Nachkommen. Die im Dschungel und feuchtheissen Tiefland liegenden Tempel, Stelen und Pyramiden sind Zeugen der einst so überragenden Kultur ihrer Vorfahren. Trotz der Unterwerfung durch die Spanier und die in der Folge auftretende Unterdrückung und Zwangschristianisierung blieb viel altes Kulturgut erhalten und findet in der Tracht, den Festen und Lebensgewohnheiten der Hochland-Maya seinen Ausdruck. Die Indianer geben ihre Werte in Geschichten, Mythen, Symbolen und ihren Künsten weiter, von denen das Weben wohl eines der wesentlichsten Ausdrucksmittel ist.

Die heutige Bevölkerung Guatemalas ist zu 60% indianischer Herkunft, der Rest Neger, Weisse und Mischlinge. Etwa 70% des Landes ist in den Händen von nur 2% der Grundbesitzer, die restlichen 98% teilen sich 30% des Bodens. Aufgrund dieser Verteilung sehen sich die Indianer in ihrem Lebensraum mehr und mehr bedrängt. Von den spärlichen Erträgen ihrer kleinen Äcker können sie oft nur schwer ein ganzes Jahr leben und sind gezwungen, in den grossen Kaffee-, Baumwoll- und Bananenfinkas des Tieflandes zu arbeiten.

Doch im Februar 1976 stellten sich diesem Land zusätzliche Probleme, Tragik und Elend. Wieder einmal hatte ein schweres Erdbeben weite Teile des Landes verwüstet. Tausende Menschen sind dabei ums Leben gekommen und unzählige wurden obdachlos.

In diesem Chaos betraten wir das erste Mal das Land, das uns das liebste in ganz Lateinamerika werden sollte.

Eingepfercht zwischen Körben, stillenden Müttern, Federvieh und Bündeln jeder Art und Grösse ging es in einem uralten überfüllten Bus in Richtung Chichicastenango, einem Dorf, das für seine besondere Tracht bekannt ist, die wir unbedingt sehen wollten. Jeder am Strassenrand wartende Indianer wurde mitgenommen, sein grosses Gepäck, einschliesslich Schweine und Kästen, auf das Dach gehoben und er in den Bus gequetscht. Wenn das nicht mehr ging, musste er mit einem luftigen Platz auf dem Dach vorlieb nehmen. Bei grösseren Stationen wurde man von Verkäufern, meist Kindern, mit Früchten, Eis, gefüllten Maisfladen und Medikamenten, die gegen alles halfen, versorgt. Die gebirgige Landschaft war teils grün, teils bunt von Blumen und ab und zu sah man Dörfer oder einzelne Hütten, die aus Lehmziegeln gebaut, mit Stroh, Ziegel oder Wellblech gedeckt waren. Immer wieder aber erschreckten uns die Trümmer des Erdbebens. Einzelne Dörfer waren wie weggewischt. Die allgemeine Verwirrung und Trauer bestärkte uns eigentlich im Wunsch, dieses Land so schnell wie möglich zu verlassen. Doch die Farbenpracht der Textilien, der Eindruck von Land und Leuten überstieg unsere Vorstellung bei weitem, und wir beschlossen, trotz der, durch die vorhergegangene Naturkatastrophe bedingten zusätzlichen Strapazen und Hindernisse noch einige Zeit in diesem Land zu bleiben.

Während mein Mann fotografierte, erforschte und schrieb, konnte ich eine Indianerin in San Antonio Aguas Calientes finden, die mir das Herstellen des Hüftwebgerätes bzw. die Wahl der Farben und das Einweben der Muster zeigte. Sie sollte nicht die einzige bleiben. Wir zogen später noch in viele Dörfer, um die Weberei zu studieren und selbst nachzuvollziehen. Einen Monat lang webte ich bei dieser Indianerin, auf einer kleinen Strohmatte vor ihrer Hütte, umgeben von spielenden Kindern, dem Hauspferd, Hund und Federvieh, gepeinigt von Flöhen und Moskitos, die dort ja genauso zu den Haustieren zählen.

Wir unterhielten uns auf Spanisch, der offiziellen Landessprache, neben der noch vier Indianersprachen und unzählige Dialekte existieren. Der Webunterricht bestand aber vor allem im Abschauen und Nachahmen. Die mündliche Überlieferung ist die einzige Quelle der Tradition, da ein Grossteil der Bevölkerung weder lesen noch schreiben kann. Gekocht wird auf offenem Feuer am Lehmboden der Hütte. *Tortillas*, kleine Maisfladen, die auf einer grossen Tonplatte gebraten werden, sind ein Hauptbestandteil der Mahlzeit. Sie sind Teller, Esswerkzeug und Brot zugleich. Dazu gibt es Bohnen und Reis oder Reis und Bohnen. Ganz selten steht auch Gemüse, Ei und Fleisch als Variante auf dem Speisezettel. Im zweiten Raum steht ein grosser Hausaltar, und abends wird daneben eine Matte zum Schlafen aufgerollt. Benötigte Utensilien hängen an der Wand, sind auf schmalen Borden gestapelt oder in einer Kiste verstaut. Licht gibt es keines, man richtet sich im Lebensrhythmus eben nach den natürlichen Bedingungen.

Doch das meiste Leben spielt sich ausserhalb der dunklen Hütte ab. Gewebt wird unter dem schattigen Vordach, wo auch der Mais aufbereitet, die Ware für den Markt sortiert wird, oder die Kinder gelaust werden. Der Dorfbrunnen ist ein beliebter Umschlagplatz für Neuigkeiten. Dort wäscht die Frau die Wäsche, schöpft Trink- und Nutzwasser und bringt es in Krügen auf dem Kopf tragend nach Hause. Wie kleine Bündel sehen die auf den Rücken gebundenen Kleinkinder aus, die stets bei ihren Müttern sind und beim geringsten Laut die Brust bekommen. Männer schleppen riesige Lasten, die mit einem Gurt um die Stirn auf dem Rücken getragen werden.

Der Haushalt, die Kinder und das Weben der Kleidung sind Sache der Frau. Der Mann übernimmt die Arbeit auf dem Feld, den Bau der Hütte und die anfallenden Schwerarbeiten. In besonders traditionsbewussten Dörfern stellt er wesentliche Teile seiner Tracht selbst her.

Viele dieser Tätigkeiten sind Göttern geweiht, über die es noch immer zahlreiche Geschichten gibt:

Die Legende von Sonne und Mond

Ixchel, die Göttin des Webens sass vertieft bei ihrer Webarbeit. Alle Tiere der Welt sollten ihren *huipil* schmücken. Da ihr beim Gürteltier der Faden ausging, blieb es für immer unvollendet.
Da setzte sich der Sonnengott in Gestalt eines Vogels auf ihre Weberei. Versehentlich tötete sie ihn mit ihrem Schwert und webte ihn als Muster in ihre Arbeit ein.
Als der *huipil* fertig war und sie ihn zum ersten Mal anzog, erwachte der Vogel zu neuem Leben und pickte sie in die Brust, worauf sie einem Buben und einem Mädchen das Leben schenkte. Diese wurden nach vielen Abenteuern zu Sonne und Mond.

DAS WEBEN

Das mobile Hüftwebgerät

Die Maya sind von den Spaniern unterworfen worden, aber ein wesentlicher Bestandteil ihrer Kultur hat sich erhalten: *Das Weben auf dem Hüftwebgerät*. Noch immer spannen die Indianerinnen im Hochland von Guatemala ihre Weberei in derselben Art auf und geben ihr Wissen an ihre Töchter weiter. Die Kleinen weben schon mit vier Jahren die spezifischen Muster und Farben ihres Dorfes und werden damit in die Geheimnisse und Mythen ihres Volkes eingeweiht.

Die Weberei wird am oberen Ende an einem Haken, Baum oder Ähnlichem bebestigt. Unten bindet man sich das Webgerät mit einem Gurt um die Hüften und gibt so mit dem eigenen Körper die nötige Spannung.

Zum Aufbewahren oder Transport wird die Arbeit einfach eingerollt und mit einer Schnur zugebunden.

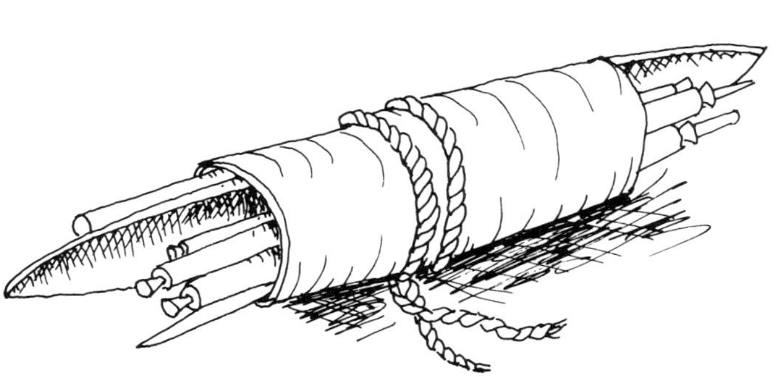

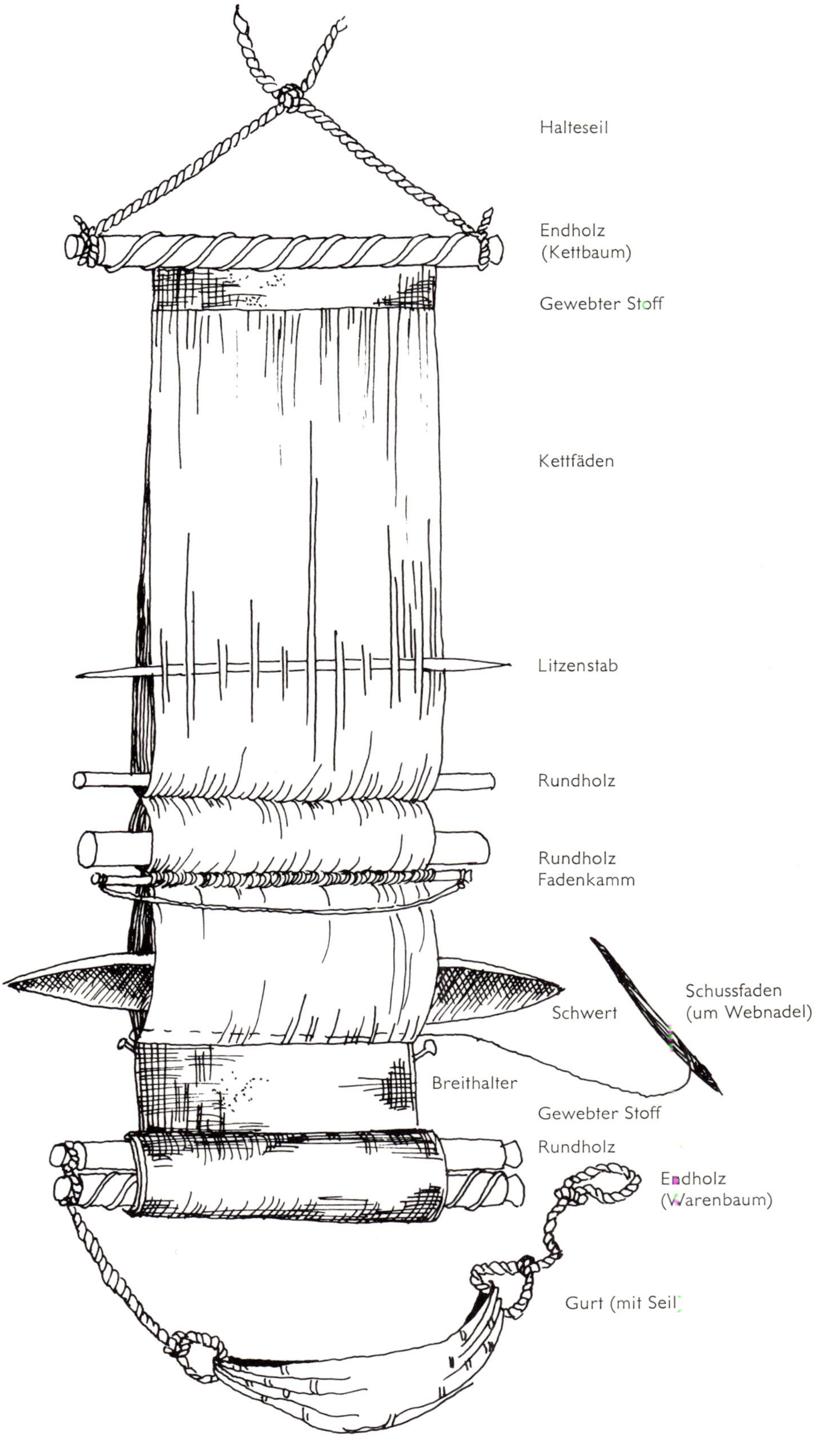

Halteseil
Endholz
(Kettbaum)
Gewebter Stoff
Kettfäden
Litzenstab
Rundholz
Rundholz
Fadenkamm
Schussfaden
(um Webnadel)
Schwert
Breithalter
Gewebter Stoff
Rundholz
Endholz
(Warenbaum)
Gurt (mit Seil)

Wie stelle ich die Teile des Gerätes selbst her?

Hölzer

Rundhölzer

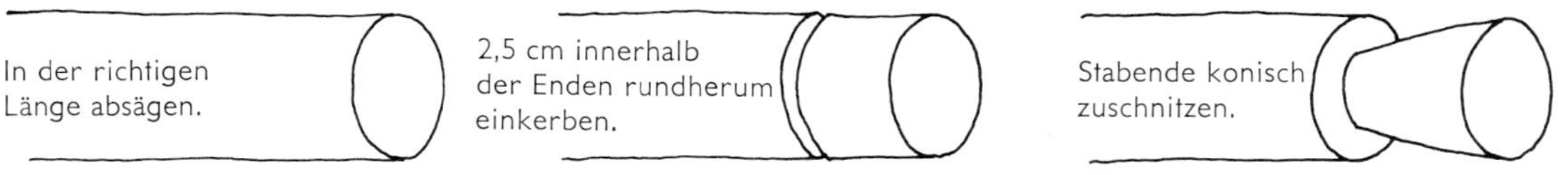

Besorgen Sie sich Rundhölzer, möglichst Hartholz. Als Standardlänge würde ich 60 cm vorschlagen, damit können Sie ein Stoffstück bis zu 40 cm Breite herstellen.
Sie brauchen:

Durchmesser 2,5–3 cm	vier Stück (drei davon eingekerbt, für Endhölzer)
Durchmesser 0,5–1 cm	mindestens zwei Stück, besser gleich fünf, damit Sie für komplizierte Muster Litzenstäbe bereit haben (eines davon eingekerbt für den Kamm)

Schwert

Für die Herstellung des Schwertes oder Schlagholzes nehmen Sie eine Holzleiste ohne Äste (85 cm lang, 6 cm breit, 1,5–2 cm hoch), möglichst Hartholz. Das wird mit Säge, Raspel und Feile in Form gebracht, wobei es unten eine scharfe Kante und oben eine handliche Rundung ergeben soll. An den Enden wird es dann abgeflacht bzw. zugespitzt und besonders exakt geschliffen.

Lesestäbchen
Dieses flache Stäbchen (60–70 cm lang, 2–3 cm breit, 0,5 cm hoch) wird nach beiden Kanten hin zu einer scharfen Schneide abgeflacht. An beiden Enden ist eine verlaufende Spitze. Auch für dieses Zubehör ist Hartholz sehr von Vorteil, weil es sich viel feiner glätten lässt und länger hält.

Breithalter
Ein Bambusrohr (etwa 1 cm Durchmesser), genau in der Stoffbreite abgeschnitten, wird mit zwei Nägeln, Dornen oder Nadeln als Breithalter des Stoffes verwendet.

Halterung

Seil

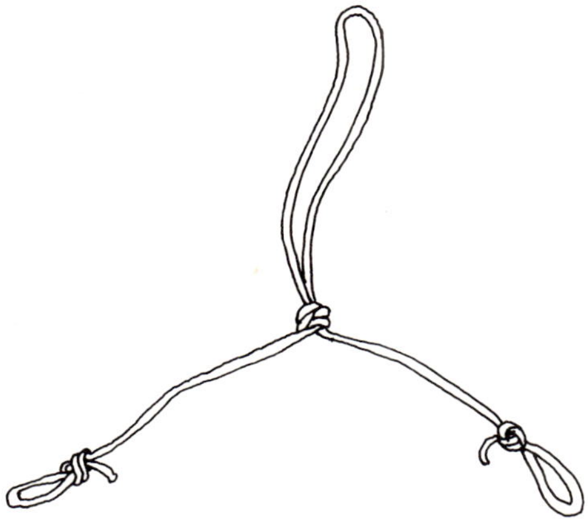

Oberes Halteseil

Das obere Halteseil, etwa 3–4 mm stark, muss zwei *gleich lange* Arme mit je einer Schlaufe haben, um am oberen Endholz befestigt zu werden. Ein dritter Teil in der gleichen Länge bildet eine grosse Schlaufe.

Gurt

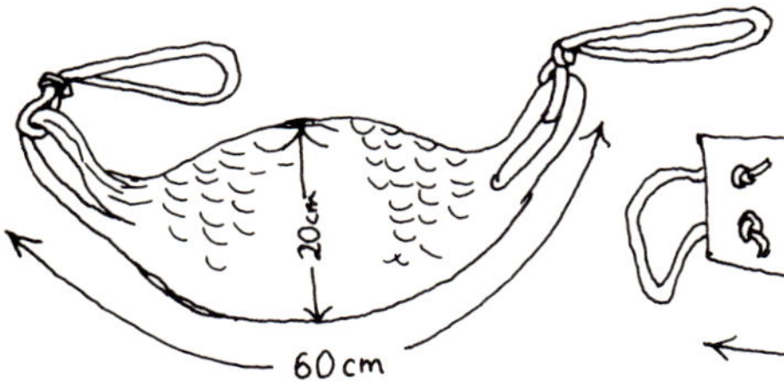

Sisal (geflochten)

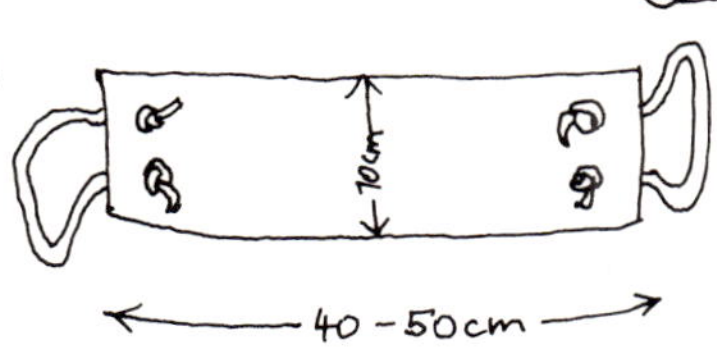

Lederband

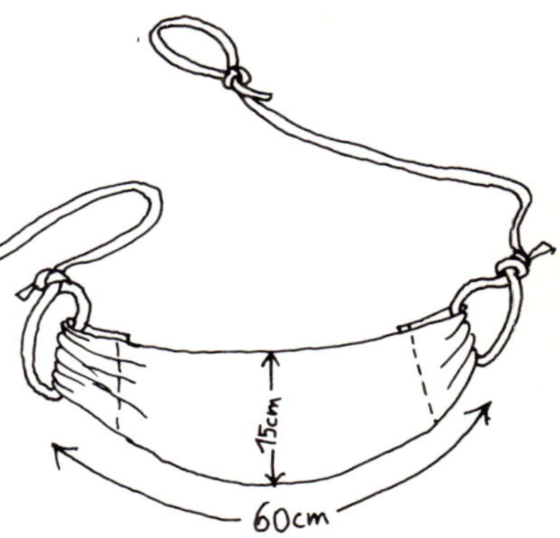

Stoffgurt

Für einen Stoffgürtel verwenden Sie ein Stoffstück von 70 cm Länge und 15 cm Breite, biegen an den Enden je 5 cm für die Schlaufen um und nähen diese fest. In die Schlaufen fädeln Sie eine Schnur, um damit den Gurt am unteren Endholz festzubinden.

Garn und Hilfsgeräte zum Weben

Garn

Die Indianerin verwendet für ihre feinen, aber strapazierfähigen Textilien vorwiegend Baumwolle. Stark gedrehter Baumwollfaden ist besser geeignet, weil er haltbarer ist. Normalerweise kauft man Garn nach Gewicht. Mit 250 g sehr dünner Baumwolle (0,5 mm dick) können Sie leicht ein Webstück von etwa 40 cm × 200 cm herstellen. Notieren Sie die genaue Bezeichnung, damit Sie dieselbe Qualität nachkaufen können. Zum Mustereinweben nehmen Sie am besten Stickgarn. Auch hier ist ein Buchführen über Firma, Stärke und Farbe zu empfehlen.

Aufspulen

Meist bekommt man bei uns das Garn auf Spulen aufgewickelt. Kauft man aber sein Material in Lagen, muss es auf der *Garnwinde* abgewickelt werden.

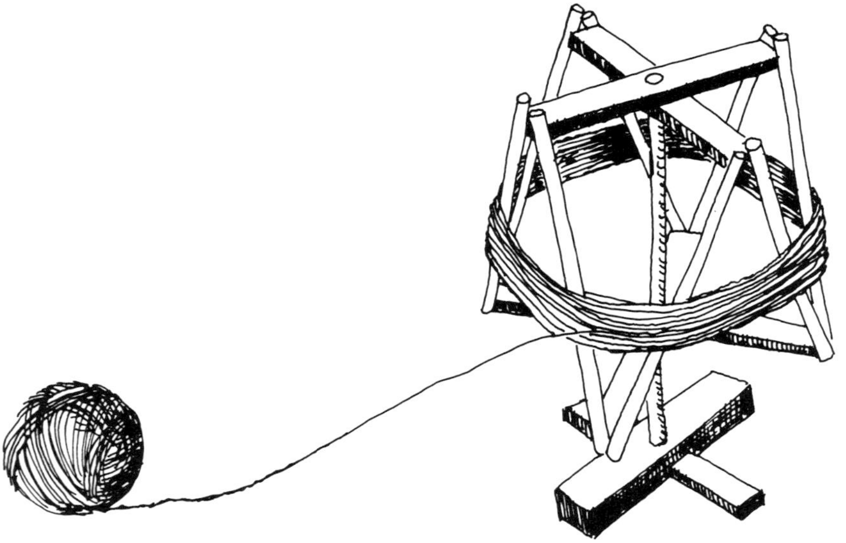

Schären der Kette

Als Kette bezeichnet man die Längsfäden in einer Weberei. Diese müssen zweimal gekreuzt werden, bevor man sie aufspannt. Ein Hilfsgerät für diese Vorrichtearbeit ist der *Schärrahmen*.

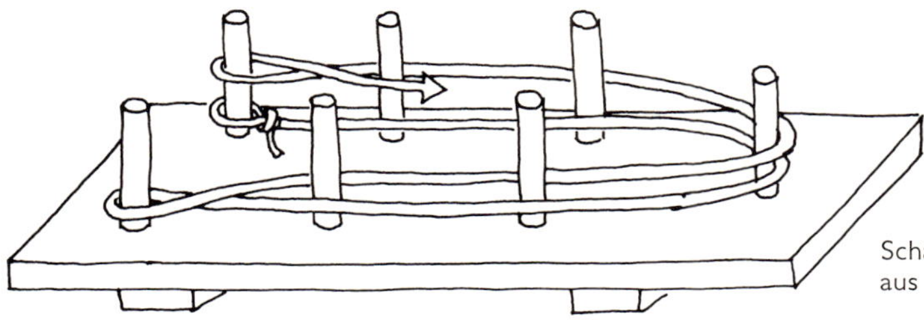

Schärrahmen
aus Guatemala

von oben

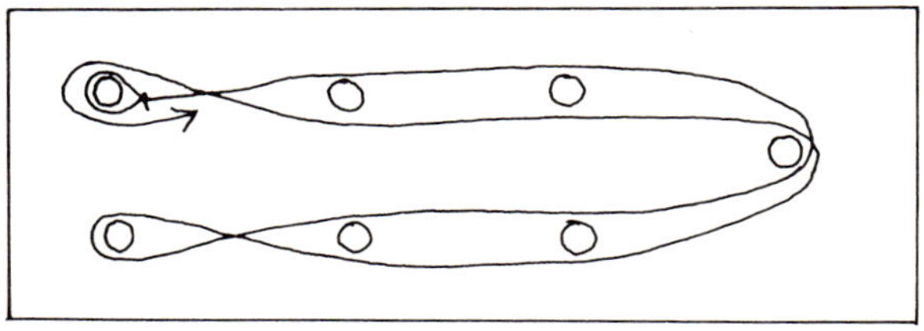

für sehr lange Kette

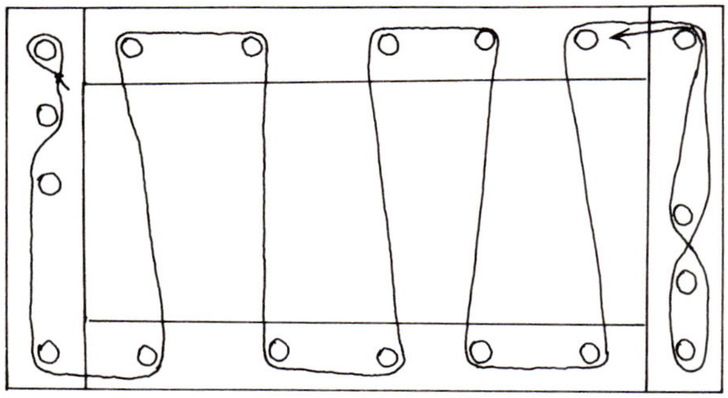

für sehr kurze Kette

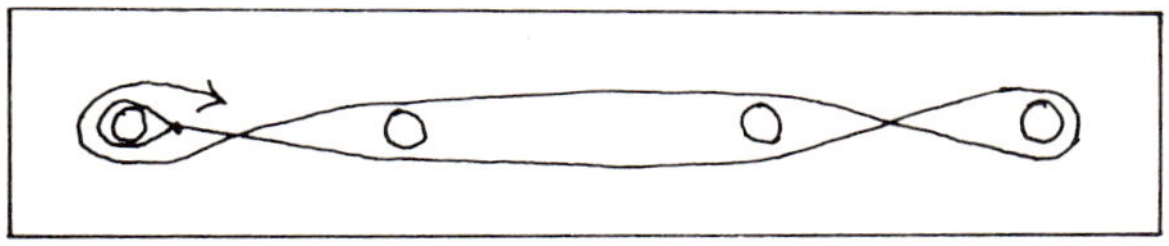

Gegen die starke Sonne trägt die Indianerin aus Zacualpa einen tzute auf dem Kopf

Doch platzsparender zur Aufbewahrung und einfach anzubringen sind Schärklammern, die Sie mit Zwingen am Tisch befestigen können.
Diese Schlingbewegung werden Sie bald beherrschen. Doch überprüfen Sie während des Schärens immer wieder (von oben), ob die zwei Fadenkreuze auch genau gelegt sind. Schieben Sie die gekreuzten Kettfäden nach unten und fädeln Sie als Zählhilfe einen andersfarbigen Faden um Bündel von etwa 20 Fäden.
Reisst ein Faden, oder wollen Sie Kettfäden in verschiedenen Farben benutzen, verknoten Sie immer aussen an der letzten Stütze (das wird auch auf dem Webstuhl aussen sein). So können Sie nie an den Knöpfen hängenbleiben.
Haben Sie die Kettfäden fertig aufgewickelt, binden Sie am besten locker «Sicherheitsschlingen» so um das Garn, dass diese jeweils durch die drei entstandenen Hohlräume (Fächer) gezogen werden.

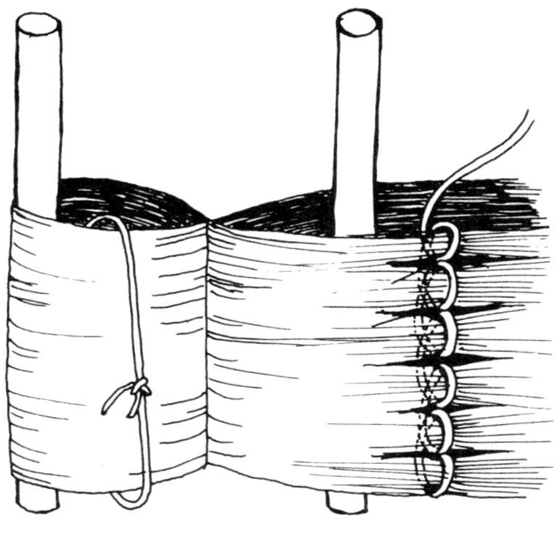

Wieviele Kettfäden sollen Sie jetzt schären?
Als Beispiel eine Indianerbluse aus San Antonio Aguas Calientes:

Festes Gewebe:
420 Fäden/34 cm, das sind 12 Fäden/cm (120 cm Länge).

Lockeres Gewebe:
360 Fäden/40 cm, das sind 9 Fäden/cm (100 cm Länge).

Für Ihr erstes Lernwebstück sind sicher weniger Fäden besser: z. B. 200 Fäden/25 cm, das sind 8 Fäden/cm (80 cm Länge).

Die Indianer würden die gekreuzten Fäden jetzt herunternehmen, in heisses *atoll* (=Maisstärke) legen und im nassen Zustand den Webstuhl gleichrichten. Wir wollen die einfachere Lösung wählen, indem wir die fertig aufgespannten Fäden mit Spray stärken.

Aufspannen des Webgerätes

Vorbereitung und Sitzhaltung

Dies ist der schwierigste Teil und verlangt entsprechend Geduld und Genauigkeit. Für den Anfänger ist es besser, mit einem kleinen Webstuhl zu beginnen, damit zu viele Fäden nicht die Geduld und damit meist auch den Faden reissen lassen.

Richten Sie alles her, was Sie jetzt brauchen werden, um die Arbeit nicht unnötig unterbrechen zu müssen:

- ein starker Haken in der Wand oder 1 Baum
- Halteseil und Gurt mit Schlaufen
- Spagat für die Enden
- starker andersfarbiger Faden für den Kamm (z. B. Zwirn)
- die Webhölzer
- Schere
- eine grössere Nadel
- Garn für den Schuss
- die Webnadel
- ein Massband
- eine Dose Stärkespray

Nun suchen Sie die Sitzposition, die Sie am wenigsten ermüdet. Sie sollte ein Beugen und Aufrichten des Körpers ermöglichen, ein Sessel mit Lehne ist daher ungeeignet. Die Indianerinnen knien – auf ihren Unterschenkeln sitzend – auf einer Matte. Für sie ist es eine entspannte Haltung, weil sie die Position von Kind an gewohnt sind. Für mich war diese Haltung ungewohnt und schon nach einer Stunde anstrengend. In einzelnen Dörfern (z. B. Chajul) wird stehend gewebt, vor allem bei breiteren Stoffbahnen, oder mit ausgestreckten Beinen auf der Matte sitzend (Ixtahuacán). Ich probierte einige Möglichkeiten und fand als beste Lösung für mich das Sitzen auf einem niedrigen Hocker. So entstand eine brauchbare Schräge des Webstuhls zum Haken, der Gurt sass fest um die Hüften, und ich konnte die Fäden mit dem Körper gut spannen und locker lassen.

Gleichrichten der Kettfäden

Jetzt wird das obere Halteseil am Haken befestigt. Überprüfen Sie noch einmal, ob er fest in der Mauer eingelassen ist.

Nehmen Sie nun vorsichtig die Kettfäden vom Schärrahmen, nicht ohne sich vorher vergewissert zu haben, ob die «Sicherheitsschlaufen» die Kreuzungen schützen. Das obere Endholz, der Kettbaum, wird durch die letzte Schlaufe gesteckt und am oberen Halteseil befestigt. Legen Sie nun das zweite Endholz, den Warenbaum, in die andere Endschlaufe und gehen Sie langsam zurück, bis die Fäden fast gespannt sind. Jetzt erst setzen oder knien Sie sich nieder und verbinden sich als zweite Halterung mittels Gurt mit dem Gerät.

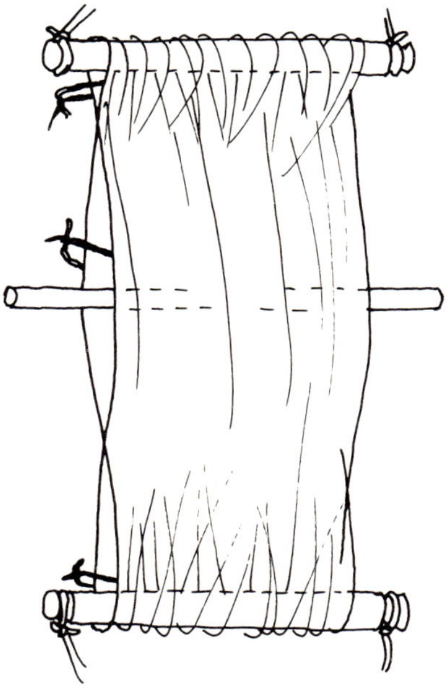

Das dicke Rundholz in die Öffnung zwischen die zwei Kreuzungen führen und Zählschnüre entfernen. Die «Sicherheitsschlaufen» können bleiben, sie erhalten die Kreuzungen, wenn ein Stab einmal ausfallen sollte.

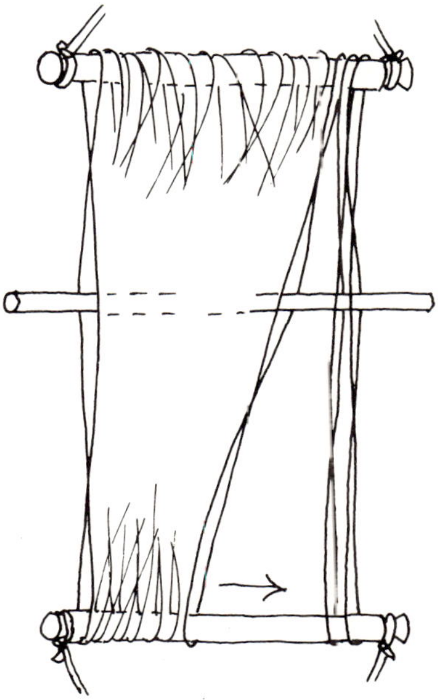

Unten alle wirren Fäden weit nach links schieben; einzeln aus der Unordnung lösen und rechts aneinanderreihen.

Der Webstuhl muss ganz gerade hängen! Sind die Endhölzer parallel und das obere Halteseil in der Mittelachse?

Ordnen Sie zunächst wie in der Zeichnung beschrieben die Fäden am Warenbaum.

Kamm einziehen

Schon durch das Kreuzen der Kettfäden haben wir die geraden und ungeraden Fäden voneinander getrennt. Jetzt wollen wir eine Vorrichtung einbauen (den Kamm), die uns das gleichzeitige Hochheben aller geraden Fäden ermöglicht.

Bei den bei uns üblichen Webrahmen ist dieser Kamm ein Brett mit Löchern und Schlitzen. Bei dieser Urform des Webstuhles aber, bedingt durch die feinen, eng aneinanderliegenden Kettfäden, zieht man einen Fadenkamm ein.

Um die Kettlagen gut voneinander zu trennen, tauschen Sie am besten das Rundholz in der Mitte mit dem Schwert aus, das Sie hochkannt stellen.

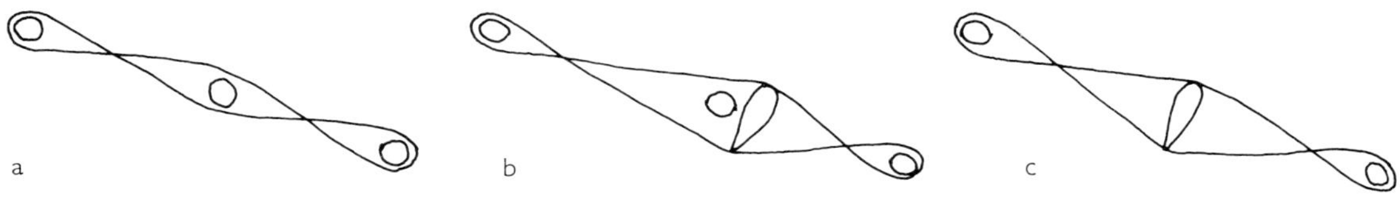

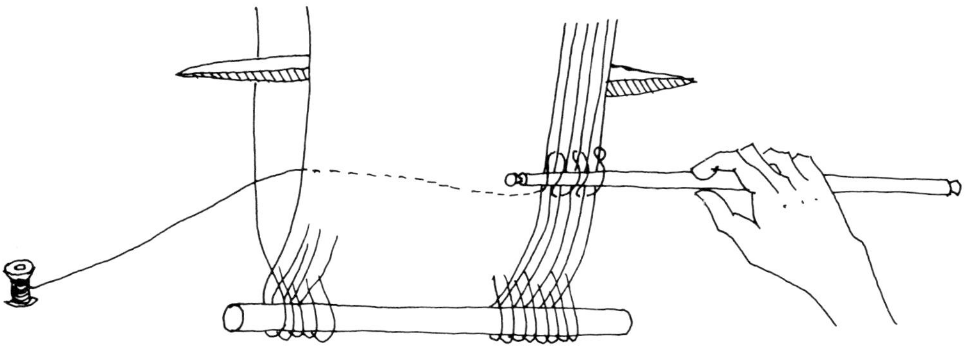

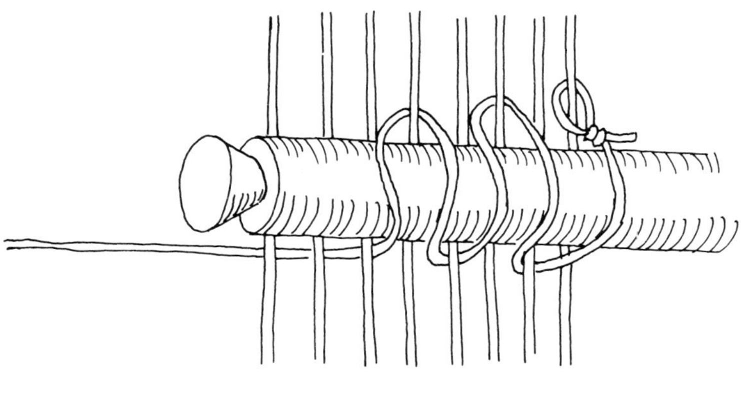

Nehmen Sie einen starken andersfarbigen Faden (z. B. starker Zwirn), der für alle Schlaufen reichen muss. Er wird nun durch diese Öffnung geführt, wobei die Spule links aussen bleibt und das Ende an den ersten Faden rechts mit einer kleinen Schlaufe angeknüpft wird.
Mit der rechten Hand führen Sie nun den schmalen, an den Rändern eingekerbten Rundstab von rechts nach links, wobei Sie mit der linken Hand den Zwirn einmal nach oben, einmal nach unten über den Stab führen. Er muss während dieser Arbeit gleichmässig etwa 3 cm hochgehoben werden. Nach dem Einziehen des Kammes tauschen Sie wieder Schwert und Rundholz. Am Ende verknüpfen Sie den Faden an beiden eingekerbten Fadenenden, wodurch eine Sicherheitsschlaufe entsteht.

Gleichrichten der Kettfäden
(San Pedro Sacatepéquez)

Einziehen des Fadenkammes
(San Pedro Sacatepéquez)

Saubere Enden

Wenn der Stoff bis zum Ende gewebt wird und nicht mit Fransen oder einer Maschinennaht schliesst, wechseln Sie jetzt das Fach auf das Unterfach, so dass der Fadenkamm die untere Kettlage hält. Die genaue Beschreibung finden Sie auf Seite 45.

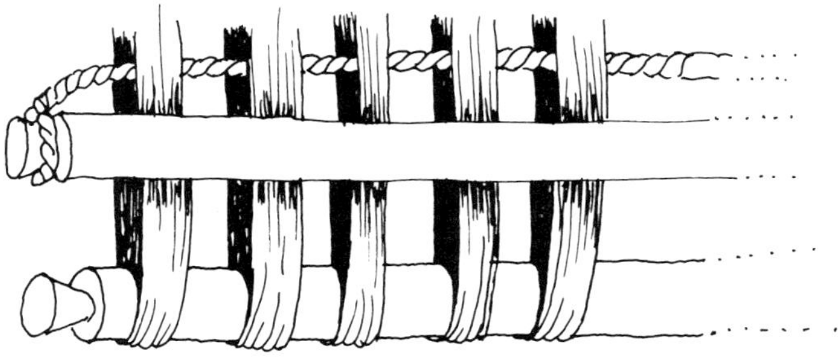

A) Innerhalb der jetzt genau festzusetzenden Breite schieben Sie die Bündel zu etwa 20 Fäden zusammen. Dann wird ein dünnes Seil links am neuen Rundholz festgebunden und durchzogen.

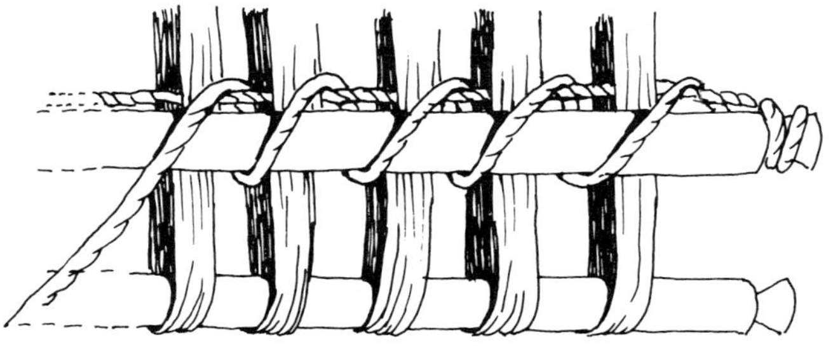

B) Nachdem das Seil gestrafft und rechts am Stabende befestigt ist, wird nun von rechts nach links das Seil jeweils über Rundholz, Seil und Fadenbündel gewunden. Ziehen Sie kräftig an, und vernoten Sie am Ende gut.

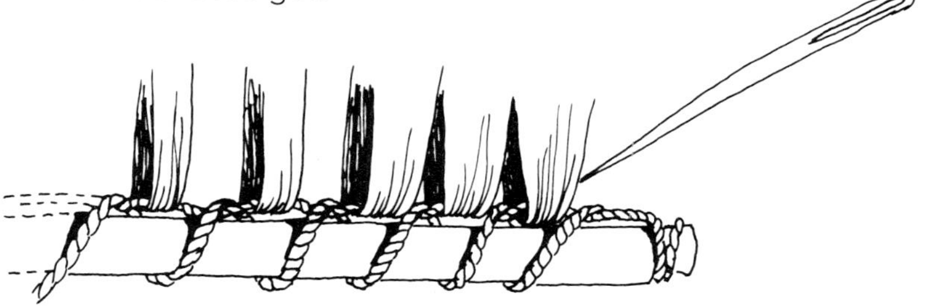

C) Jetzt wird das neue Endholz nach unten gezogen und das erste kann entfernt werden. Lockern Sie nun die Fäden mit der Nadel auf, und schieben Sie sie so gut wie möglich auseinander.

Jetzt können Sie Ihre Arbeit mit dem Spray stärken. Sie haben den schwierigsten Teil geschafft.

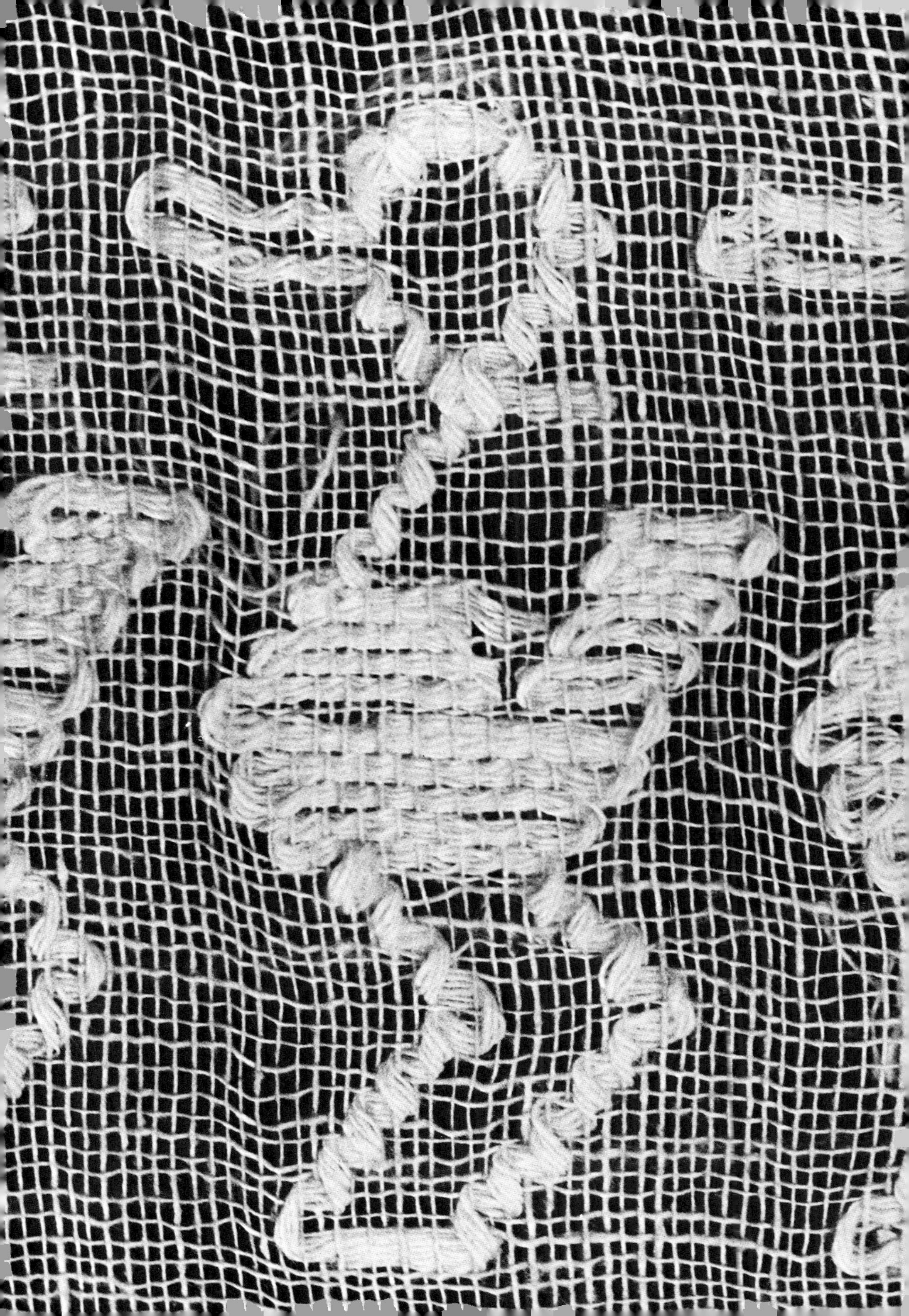

Einfaches Weben

Grundprinzip
Für den Anfänger möchte ich nur kurz das Grundprinzip des Webens erklären:
Längs aufgespannte Fäden (Kette) werden von Querfäden (Schuss) rechtwinkelig überkreuzt, und zwar sind abwechselnd die geraden und die ungeraden Kettfäden oben. Damit die Weberei schneller vorwärtsgeht, kann man auch doppelte Kette und doppelten Schuss verwenden, wobei das Gewebe dicker wird.

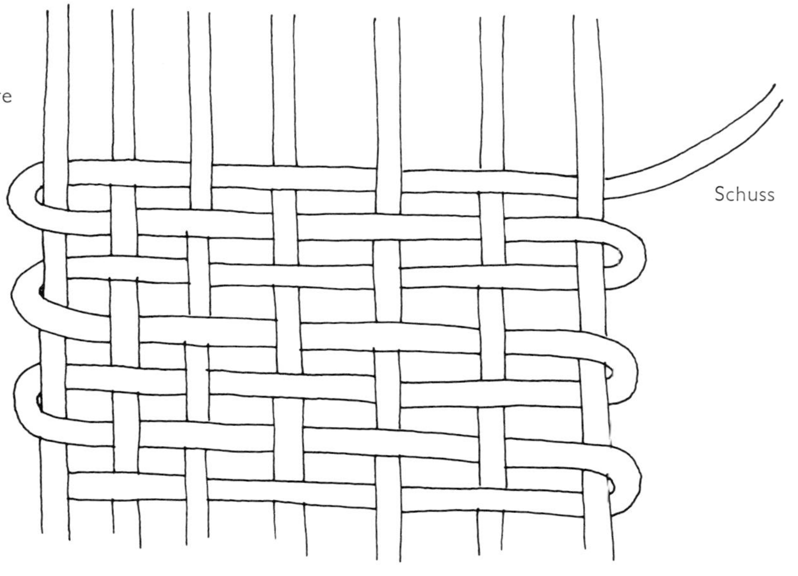

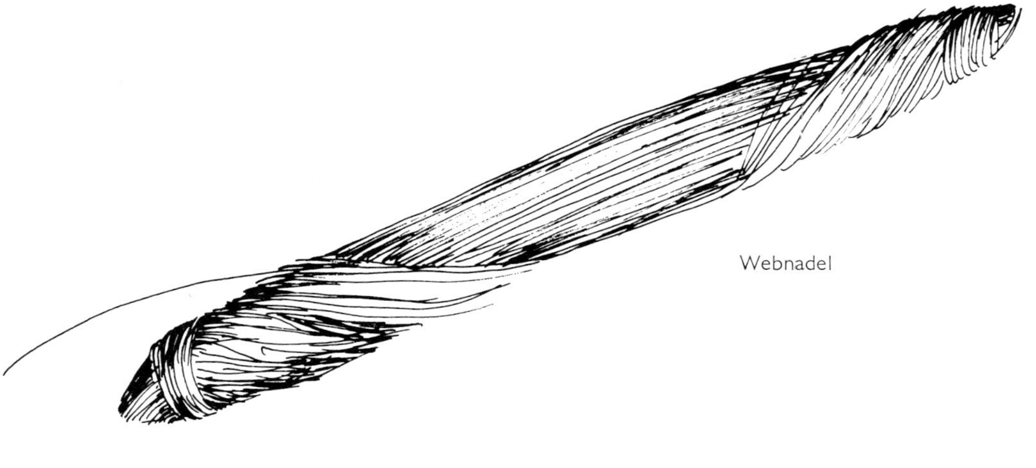

Fachwechsel

Um das Heben oder Senken der geraden Kettfäden gleichzeitig zu bewerkstelligen, haben wir einen Kamm angebracht, der uns einen Zwischenraum, durch den wir den Querfaden durchschiessen können, schafft.

Das Abwechseln der beiden Positionen nennt man *Fachwechsel*. Dieser muss vor jedem Schuss durchgeführt werden. Der lange Schussfaden wird am besten um eine Webnadel gewickelt.

Die mit dem Kamm verbundenen Kettfäden sind oben: es bildet sich das *Oberfach*.

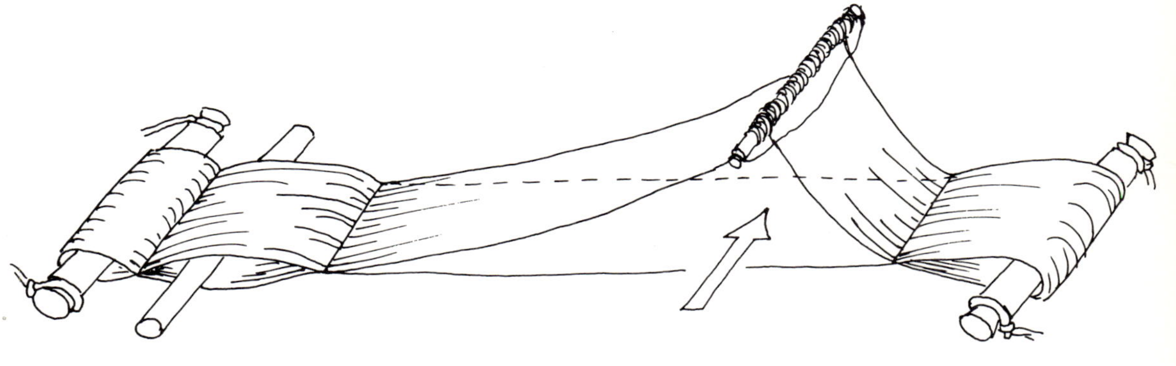

Die mit dem Kamm verbundenen Kettfäden sind unten: es bildet sich das *Unterfach*.

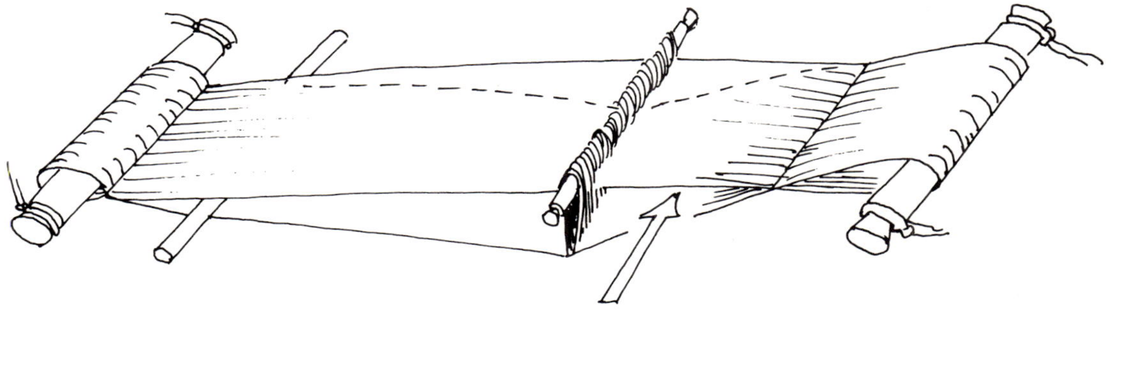

Fachteilung beim Oberfach

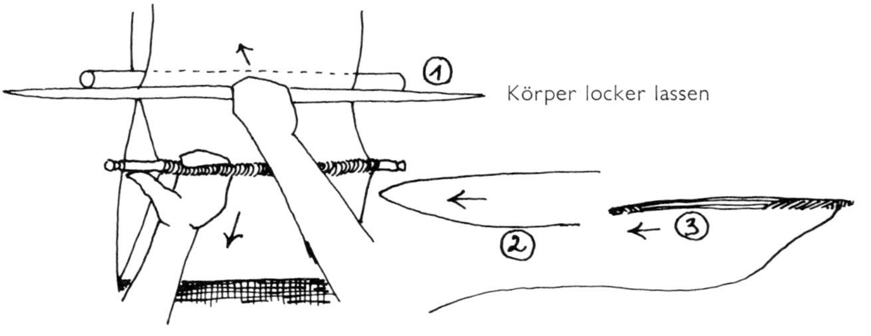

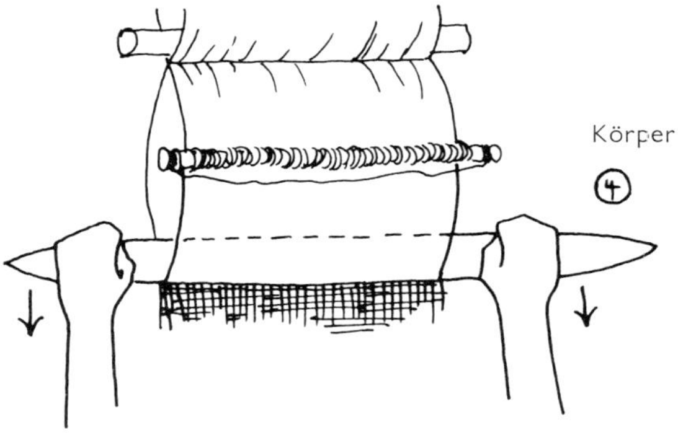

Lassen Sie den Körper locker, damit lockern sich auch die Kettfäden ein bisschen. Während Sie mit der linken Hand den Kamm hochziehen, schlagen Sie mit der anderen mit dem Schwert von sich weg auf das obere Rundholz (1). Sie bringen dadurch die Kreuzung weiter nach hinten und bekommen so ein grösseres Fach.
Sind die Fäden an den Kreuzungen etwas verklebt, was besonders am Anfang vorkommt, löst ein festeres Darüberstreichen mit dem Finger die Fäden an dieser Stelle voneinander.
Nun fahren Sie mit dem Schwert durch das Fach (2). Überprüfen Sie am Anfang, ob Sie ordentlich arbeiten und keinen Faden aus der unteren Kettlage mitgenommen haben. Wenn Sie das Schwert jetzt hochstellen, können Sie den Schussfaden von rechts nach links gut einlegen (3). Danach ziehen Sie die Kettfäden durch Spannen Ihres Körpers an, halten das Schwert an beiden Enden und schlagen nach unten (4). Das Schwert wird auch oft Schlagholz genannt.

Fachteilung beim Unterfach

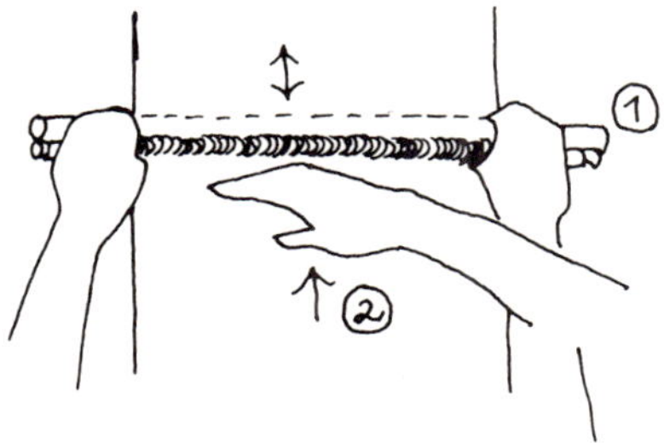

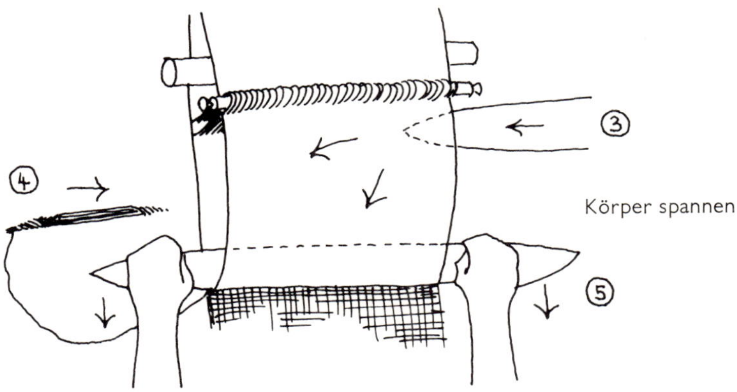

Vor der nächsten Schusseinlage müssen Sie das Fach wechseln, die Fadenlage mit dem Kamm muss nach unten gebracht werden.
Schieben Sie das Rundholz und den Stab vom Fadenkamm mit beiden Händen eng aneinander, heben Sie sie leicht an, und rütteln Sie sie ein wenig nach vorne und hinten (1). Nun schlagen Sie ein paar Mal mit der Handkante auf die Fadenkreuzung, die knapp unterhalb des Kammes sein muss (2). Es wird sich ein kleines Fach bilden, in das Sie das Schwert einführen und mit diesem die Kreuzung ganz hinunterschieben (3). Nun stellen Sie das Schlagholz auf, vergrössern somit das Fach und schiessen den Schuss von links nach rechts durch (4). Er soll locker im Fach liegen. Wieder werden Kreuzung und Schuss durch festes Nachschlagen nach unten gepresst (5).
Das alles mag beim Lesen kompliziert erscheinen, Sie werden aber bei der praktischen Arbeit sehen, wie schnell Sie in Übung kommen, die Bewegungen sich automatisieren und Sie bald rhythmisch und entspannt weben.
Wechseln Sie nun immer Ober- und Unterfach.

Ein paar hilfreiche Tips

Umdrehen

Wenn Sie auf der einen Seite des Webstuhles einige Zentimeter gewebt haben, drehen Sie das Stück um und beginnen auf der anderen Seite wieder beim Gleichrichten der Kettfäden. Drehen Sie den Webstuhl so herum, dass die Oberseite, d. h. die Schlaufen des Kammes, oben bleiben. Haben Sie sehr lange Kettfäden aufgespannt, bitten Sie jemanden um Mithilfe; es ist sonst etwas schwierig.

Immer gleiche Stoffbreite

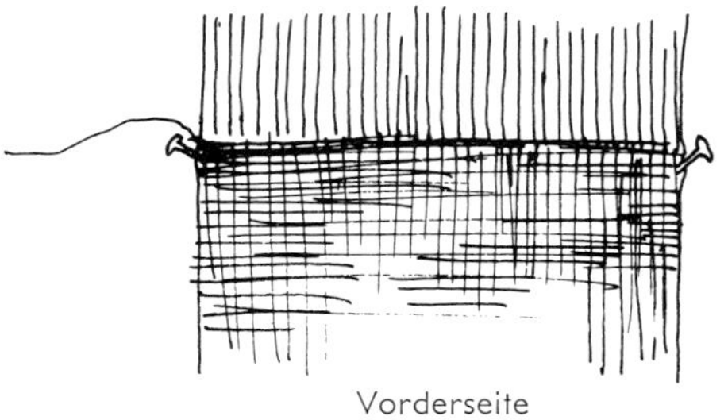

Vorderseite

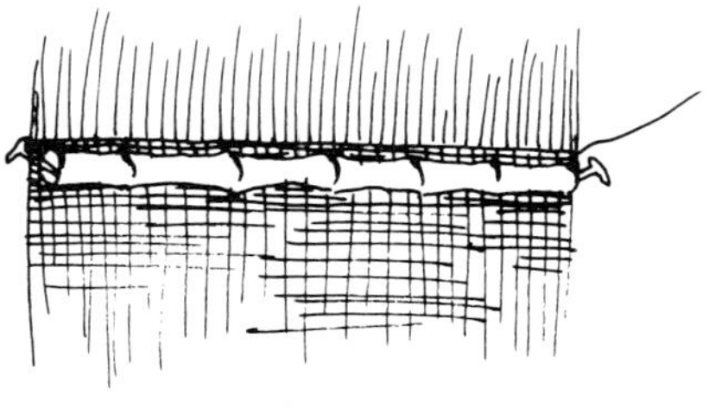

Rückseite

Um den Stoff immer in derselben Breite zu halten, befestigen Sie mit zwei Nadeln an der Unterseite der Stoffbahn knapp unter den letzten Schussfäden ein Bambusrohr in der genauen Stoffbreite. Versetzen Sie es immer wieder.

Der Stoff wird lang

Haben Sie schon ein Stück Stoff gewebt, wickeln Sie dieses um den Warenbaum und das dritte eingekerbte Rundholz. Am besten befestigen Sie das Halteseil in Achterschlaufen an den eingekerbten Enden.

Der Kettfaden reisst

Falls ein Kettfaden reisst, knüpfen Sie ihn vom Kettbaum weg neu ein, bilden wieder dieselbe Kreuzung und ziehen ihn auch, falls vorgesehen, durch die Kammschlaufe.

Der Schussfaden ist zu kurz

Wenn der Schussfaden zu Ende ist, überlappen Sie das Ende des alten und den Anfang des neuen etwa 10 cm.

Abschluss der Weberei

Beim Abschluss der Weberei müssen Sie immer dünnere Rundhölzer einsetzen und das breite Schlagholz durch den flachen Lesestab ersetzen. Flechten Sie in die letzten mühevollen Zentimeter einen zwei- bis vierfachen Schuss mit der Nadel ein. Danach verteilen Sie die Schussfäden an der schwierigen Stelle und dämpfen diesen Teil gut. Sie haben nun ein schön gewebtes Stück Stoff mit vier sauberen Rändern.

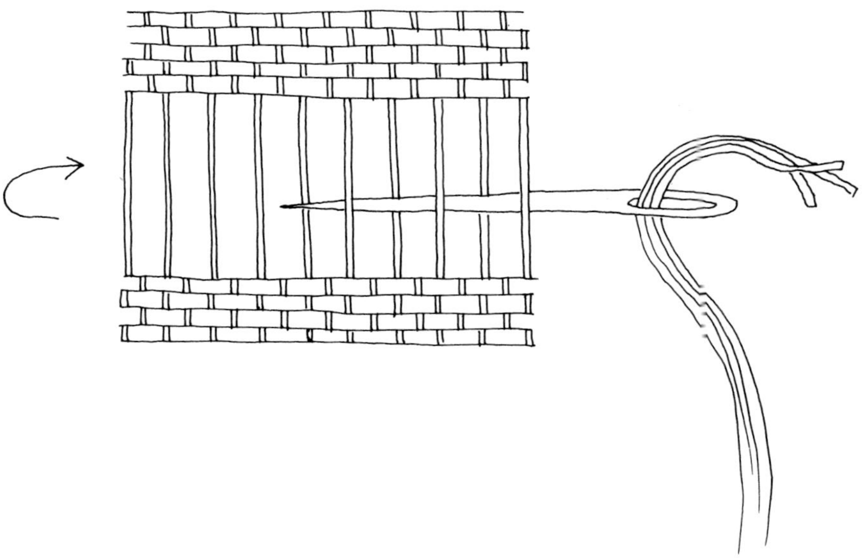

Drei gebräuchliche Webtechniken

Normalerweise fertigt die Indianerin in Guatemala nicht nur ein glattes Stoffstück an, sondern flicht im Webvorgang eine zweite, meist dickere Fadenschicht ein, die unterschiedlichste Muster hervorzaubern kann.
Dieses Mustereinweben geschieht durch verschiedene Schlingungen und wirkt oft durch drei bis zwölf gleichzeitig eingelegte Fäden reliefartig.
Es gibt drei Einwebtechniken, die von den Maya angewandt werden. Welche der drei Möglichkeiten gewählt wurde, lässt sich auf der Rückseite der Stoffe leicht erkennen.

Einseitig sichtbar

Zweiseitig sichtbar

Doppelseitig sichtbar

Indianermädchen aus Sololá

Einseitig sichtbar

Vorderseite Figuren auf einem huipil von Nebaj (Detail)

Rückseite

Das eingewebte Muster ist nur auf der Vorderseite zu erkennen, auf der Rückseite sieht man das Grundgewebe.
Diese Wirkung entsteht durch das Einschlingen des Musterfadens nur in die obere Kettfadenlage und das Hinunterschlagen des Schussfadens hinter den Musterfaden.
Falls viel Garn eingelegt wurde, wird hinten ein Relief sichtbar, das die Formen der Vorderseite vage andeutet. Wenn Sie genau schauen, können Sie auch den Anfang und das Ende der Musterfäden erkennen, sie sind einfach ins Fach eingelegt.
Diese Einwebtechnik ist die einfachste der drei angebotenen. Man stellt das Schwert während des Einschlingens der Musterfäden am besten auf, um ja nicht unfreiwillig einen Kettfaden der unteren Lage zu erwischen. Die Technik wird sowohl bei Einzelfiguren als auch bei grösseren, den Unterstoff bedeckenden Mustern angewandt, und man kann Beispiele bei Blusen, Gürteln, Haarbändern, Tüchern, Hosen und sogar Röcken finden.
Hier nenne ich einige Dörfer, in denen diese einseitige Einwebtechnik bevorzugt wird: Nebaj, Chajul, Cotzal, Ixtahuacán, San Antonio Aguas Calientes, San Lucas Tolimán, Todos Santos, San Pedro Necta und Aguacatán.

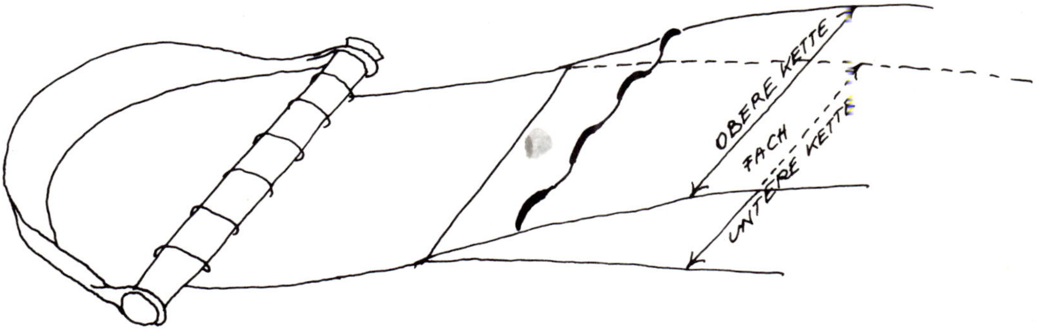

Es wird natürlich ganz unten geschlungen.
Diese schematische Zeichnung soll nur
das WIE für Sie verständlich machen

Zweiseitig sichtbar

Vorderseite Detail aus einem huipil aus Nahualá (Geometrisches Muster)

Rückseite

Die zweiseitig sichtbare Webtechnik zeigt auf der Vorderseite des Stoffes das Muster, und auf der Rückseite ist die negative Form, das «Ausgesparte», der Figur zu sehen. Lassen Sie das Schwert flach im Fach liegen, und schieben Sie es ein bisschen zurück, denn obere und untere Kettlage sollen sehr eng beieinanderliegen. Diesmal muss man beim Einziehen bis hinter die untere Kettlage durchstossen, dadurch wird die hintere Schlaufe sichtbar. Sehr oft wird zum Auflesen der Fäden ein flaches spitzes Webholz, das sogenannte Lesestäbchen, verwendet, besonders wenn der Faden über ein längeres Stück hinweg eingelegt wird.
In vielen Orten Guatemalas wird so gewebt, z. B. in:
Nahualá, Chichicastenango, San Pedro Sacatepéquez, San Juan Sacatepéquez, Comalapa, Santa María de Jesús, Sololá.

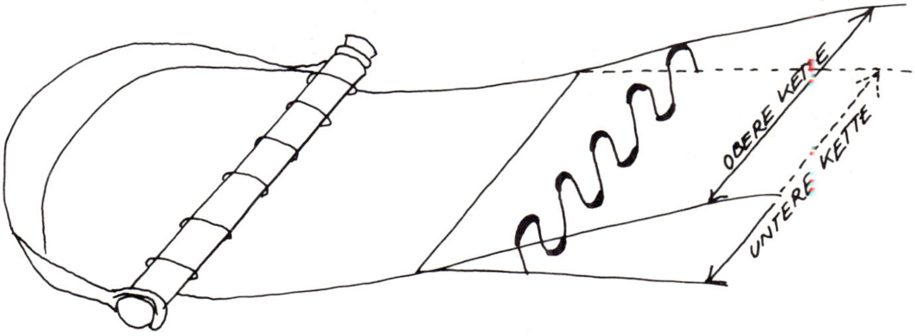

San Pedro Sacatepéquez
Mit dem Lesestab Fäden aufnehmen

dann hochstellen und
12faches Garn einlegen

Doppelseitig sichtbar

Vorderseite Schulterstreifen eines huipil aus San Antonio Aguas Calientes (Ausschnitt)

Rückseite

Eine seltene, schwierige, aber faszinierende Webtechnik ist die doppelseitige, die das Motiv auf beiden Seiten im Positiv sichtbar macht.
Welche Denkweise und Haltung gehört dazu, diesen Mehraufwand an Arbeit und Zeit zu leisten, obwohl das Ergebnis (die Innenseite des Gewandes) nur der Trägerin bekannt ist?
San Antonio Aguas Calientes, ein Dorf in der Nähe der alten Hauptstadt Antigua, ist berühmt für seine feine Webtechnik, und die Indianerinnen dort beherrschen die hier gezeigte Art der Weberei, die sie an den Schulterpartien und teils auch um die Brust anbringen. Der Rest des *huipiles* (Indianerbluse) wird in einseitiger Technik gearbeitet. Am besten entwerfen Sie Ihre Muster im Kreuzstich oder nehmen eine Stickmustervorlage.
In Auf- und Ab-Schlingungen werden immer zwei Fäden bis hinter beide Kettlagen aufgenommen und teils beim Hin-, teils beim Rückweg zur vollständigen Musterzeile ergänzt. Dann erst erfolgt der nächste Schuss.

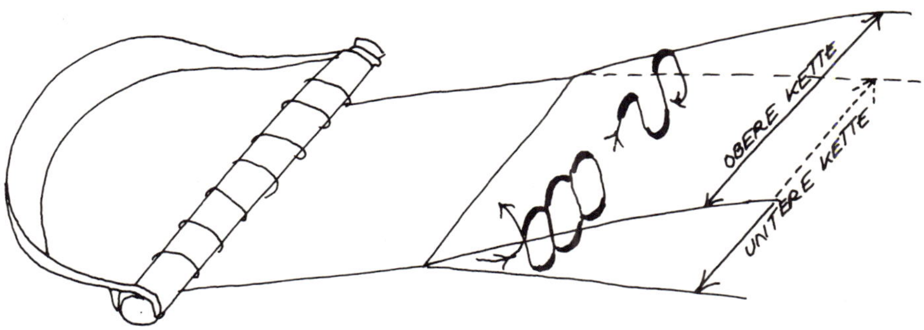

Indianerin von San Antonio Aguas Calientes webt gerade
ein Muster nach einem gewebten Stück Stoff ein. Legen auch Sie Ihren Kreuzstichentwurf vor sich auf die Weberei. Eine Beinnadel hilft beim Zählen und Einziehen

Ich möchte den Arbeitsgang am einfachen Beispiel der muñeca, einer Puppe, zeigen. Auch der Hahn und die Biene auf der Abbildung rechts sind leicht nachzumachen, ein Kreuzstich zwei Reihen

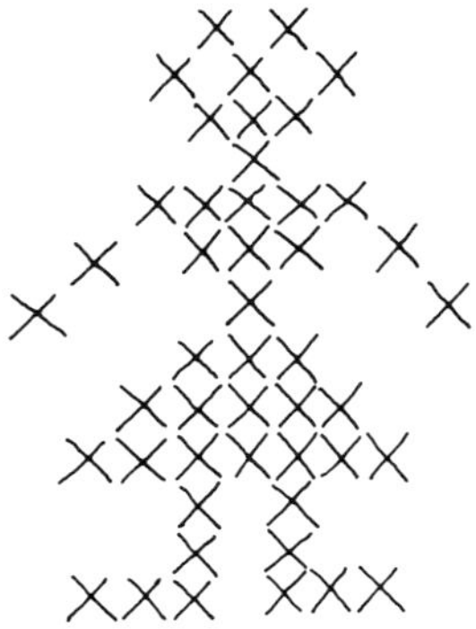

Kreuzstichvorlage

Hinter vier Kettfäden Musterfäden legen. Ein kurzes und ein sehr langes Ende lassen

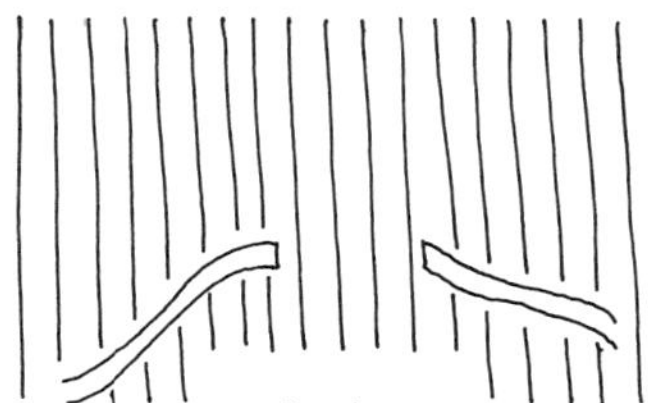

Beginn

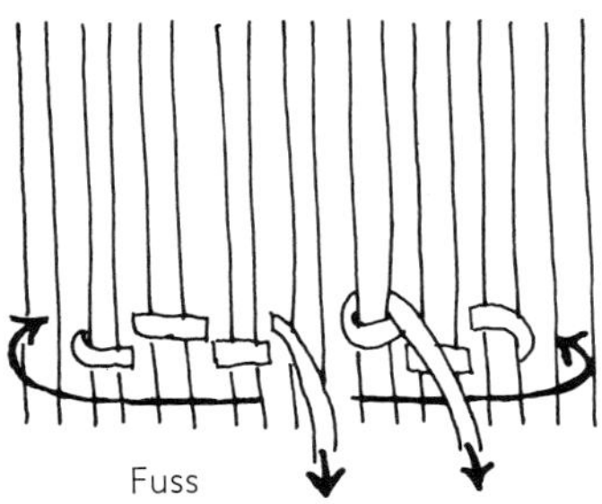

Fuss

Zwischen jedem Schuss einmal herumschlingen

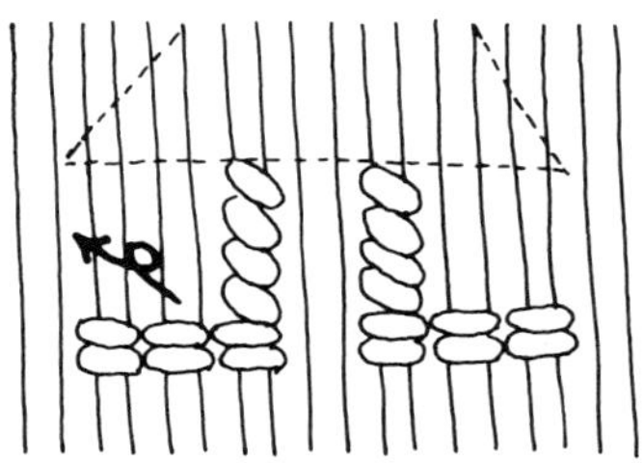

Beine

Den kurzen Faden des einen Fusses verweben

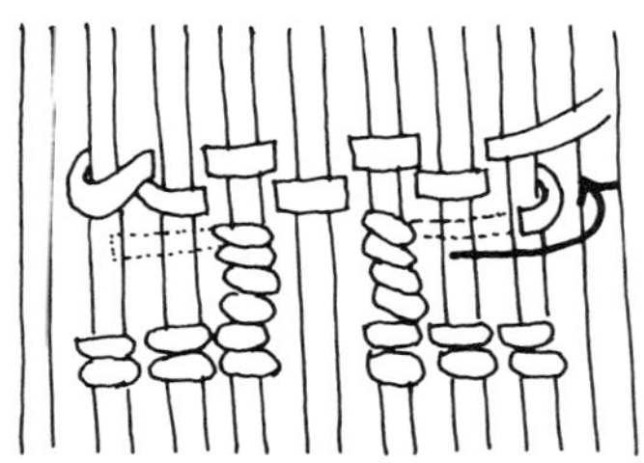

Rock

Arm Mitte Arm

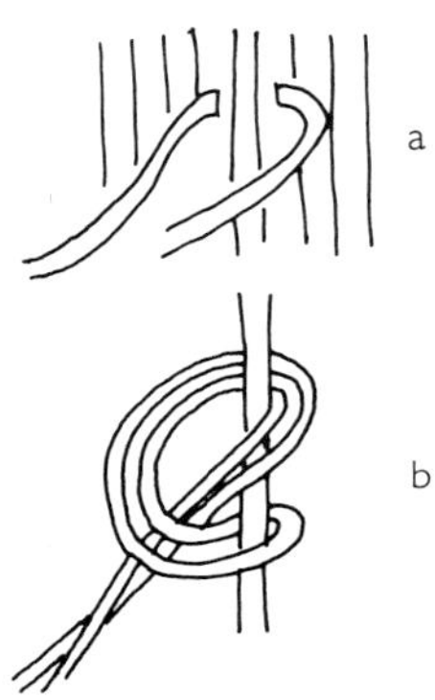

Einknüpfen des Armes

. . . und fertig!

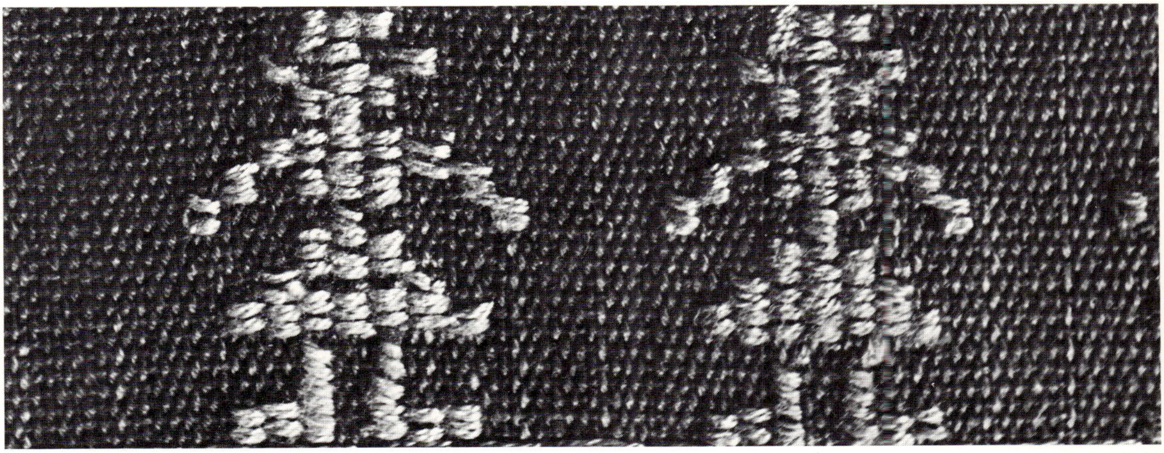

Diese Indianerin aus Nebaj trägt
ihr Kind in einem Tuch auf dem Rücken

Muster einweben

Was uns an den Textilien der Indianer Guatemalas so fasziniert, ist einerseits die Ausdruckskraft in der Farbe, andererseits die Wahl und Anordnung der Figuren und Symbole, die die Frauen in ihre Kleidung einweben oder manchmal auch auf den fertig gewebten Stoff sticken (Vögel in Santiago Atitlán, verschiedene Verzierungen).

Jedes Dorf hat strenge traditionsgebundene Regeln, die Farbwahl, Motive und Einwebtechnik betreffen, genauso wie die Teile der Tracht und ihre Zusammenstellung. Ist man geschult, kann man an Details, wie Länge und Farbe einer Jacke, Knoten eines Tuches, Wickelrichtung des Rockes u.ä. auch den Familienstand, die soziale Stellung und Altersklasse des Trägers ablesen.

Die Tracht bedeutet also die Zugehörigkeit zu einem bestimmten Dorf, mehr noch, sie ist für die Urbevölkerung des Landes der Ausdruck ihrer Verhaftung in der Tradition.

Viele der eingewebten Figuren und Zeichen sind noch aus der Zeit vor der Konquistation. Sie sind manchmal umgeben mit Mythen, oft aber sind nur mehr die Formen überliefert, und die Indianerin kennt selbst deren Bedeutung nicht mehr.

Die *Motive* werden in Seide, Wolle und Kunstfaser, meist aber mit mehrfacher Baumwolle eingearbeitet und sind entweder abstrahierte Formen aus der Natur und dem täglichen Leben oder Symbole aus der geistigen und religiösen Welt der Maya.

Man kann die unterschiedlichsten Darstellungen von Vögeln und Insekten, Haustieren, Menschen, Göttern und Pflanzen finden, genauso wie viele geometrische Formen und Muster.

Die *Anzahl* und *Anordnung* der Motive ist von Ort zu Ort verschieden. Oft werden auf eine einfarbige Bluse nur drei bis sechs Figuren als Blickfang gesetzt, oft die gleichen Motive streifenartig übereinander angeordnet. Manchmal ist eine Weberei derart gefüllt mit Figuren, dass man sich wirklich bemühen muss, alle Zeichen zu sehen und zu lesen.

Die Fasern wurden bis vor nicht allzulanger Zeit mit Extrakten von bestimmten Rinden, Früchten, Pflanzen, Läusen und Schnecken selbst eingefärbt. Heute übernehmen das die chemischen Grosskonzerne.

Mit einfachsten Mitteln also, ein paar Stäben und bunten Fäden, fertigen die Indianer Kunstwerke in unwahrscheinlicher Farbenpracht und Sorgfalt an. Und wenn Sie dennoch in einer Weberei einen groben Fehler entdecken, müssen Sie wissen, dass dieser absichtlich gemacht wurde, denn keinem Sterblichen steht es zu, ein perfektes Webstück herzustellen, das ist nur den Göttern vorbehalten.

Auch Sie werden ein paar «menschliche» Fehler in Ihrer eigenen Weberei machen, ob absichtlich oder nicht, sei dann Ihrer Interpretation überlassen!

Einfache Figuren am Beispiel Nebaj

Eine recht einfache Technik des Motiveinwebens habe ich in Nebaj gefunden. Vor allem lässt sie der Phantasie grossen Spielraum, und was besonders für einen Anfänger wichtig ist: Fehler sind nicht sofort als solche erkennbar.

Das *Material* des Grundgewebes ist weisse Baumwolle beim *huipil*, weiss-rot bei der Festtracht und gestreift bei Kopfband und Umhang; und zwar sind sowohl die Kette als auch der nach jeder Musterzeile durchzuführende Schuss doppelt. Das Garn zum Einweben der Muster ist vierfaches Stickgarn, matt oder mehrfache Baumwollfäden.

Die vorrangigen *Motive* in der Tracht von Nebaj sind: Frau, Mann, Vogel, Pferd, Mais, Blumen und geometrische Zacken.

Auf alten Stücken wurden sie eher frei auf der Fläche verteilt, jetzt findet man meistens eine reihenweise *Anordnung*.

Die *Farben* sind in diesem Dorf auf zehn bestimmte beschränkt, und jede andere Farbe in einer Weberei wird von den Einheimischen als falsch bezeichnet. Schauen Sie sich die nächste Abbildung genau an, beachten Sie die Kombination der Farben und wie oft die einzelne Farbe eingesetzt wird. Es ist besser, Sie treffen die Farbwahl gefühlsmässig, als dass Sie sich strikt an die numerierte Vorlage halten, die nur eine Hilfe für den Anfang sein soll.

Die *Technik* beim Weben ist die einseitig sichtbare. Die Muster werden mit den Fingern eingezogen. Weiter oben, wo die obere und untere Kettlage einen grösseren Zwischenraum aufweist, wird die gewünschte Anzahl Kettfäden der oberen Kettlage abgeteilt, etwas hochgehoben und das einzulegende Garn durchgezogen.
Überprüfen Sie immer, ob Sie alle nötigen Muster einer Reihe weitergezogen bzw. neu angefangen haben, bevor Sie den Querfaden durchschiessen und mit dem Schwert fest nachschlagen. Nach jeder Musterzeile wird ein Schuss eingeführt und dann das Fach gewechselt. Das muss immer im selben Ablauf geschehen.
Es kann leicht passieren, dass man wohl eine Figur richtig weiterwebt, aber einen neuen Teil anzufangen vergisst (Flügelende oder Hand). Legen Sie am besten ein Lineal oder Blatt unter die zu webende Reihe der Vorlage. Das wird Ihnen helfen, trotz vieler Farben den Überblick zu bewahren.

Typische Farbenskala aus Nebaj
auf dem Knäuel – in der Weberei

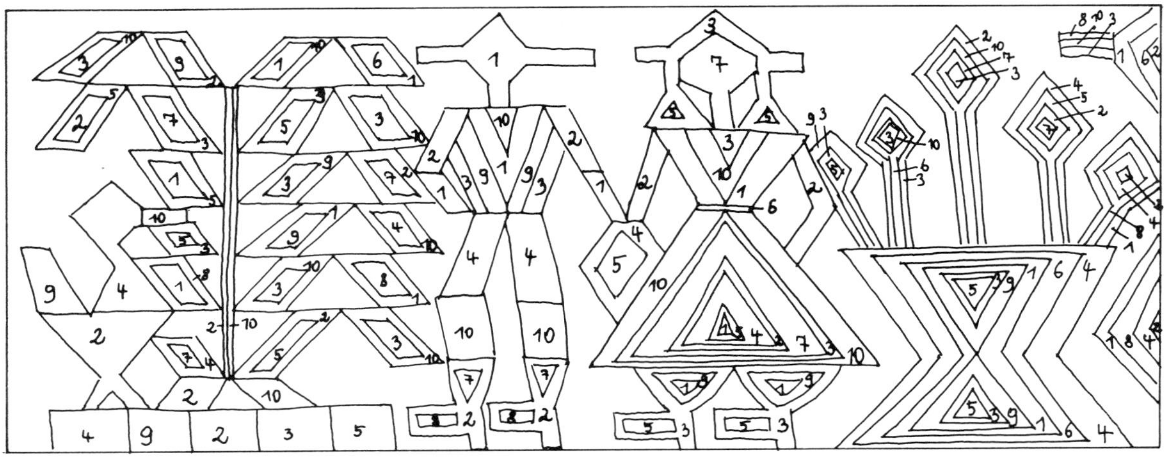

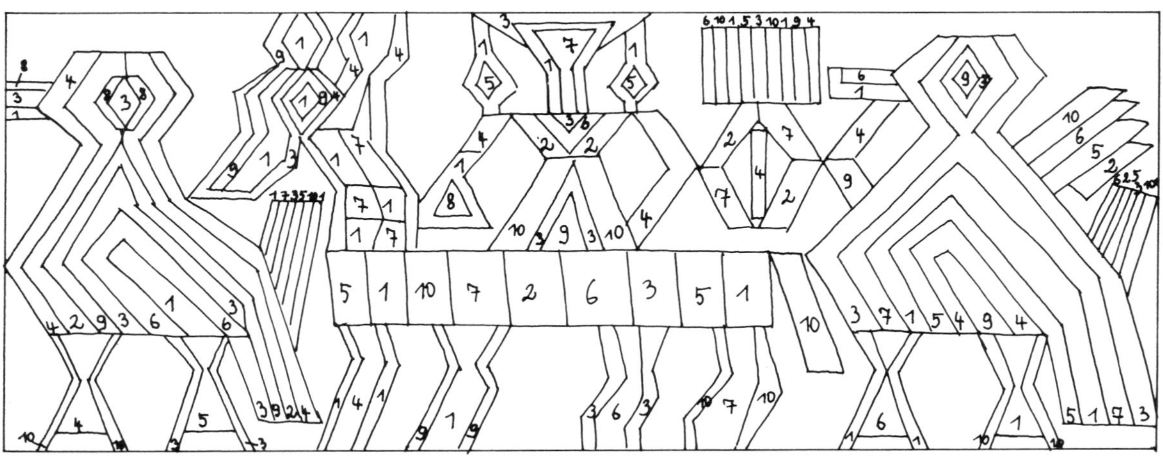

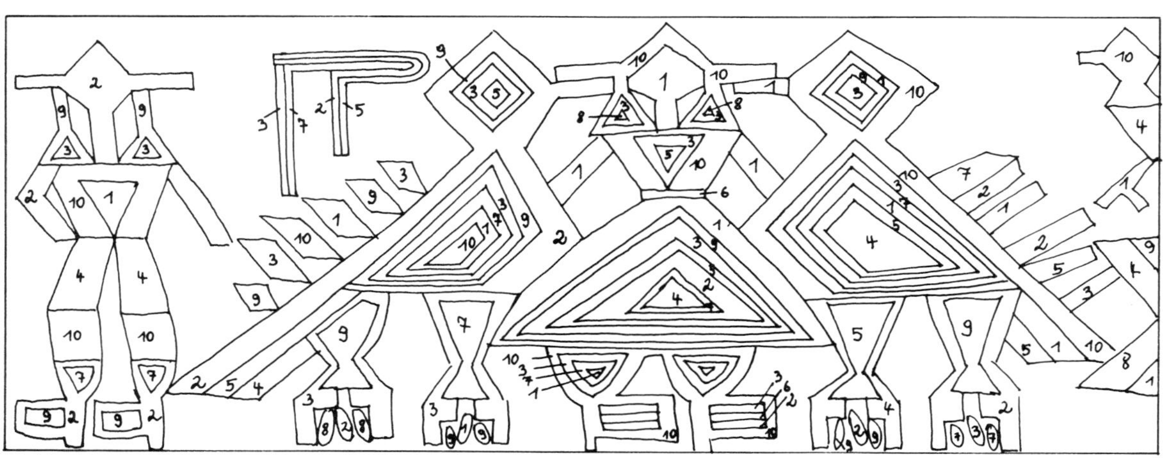

grün 1

türkis 2

blau 3

violett 4

cyan 5

6 zitronengelb

7 sonnengelb

8 orange

9 zinnoberrot

10 dunkelrot

Der Beginn

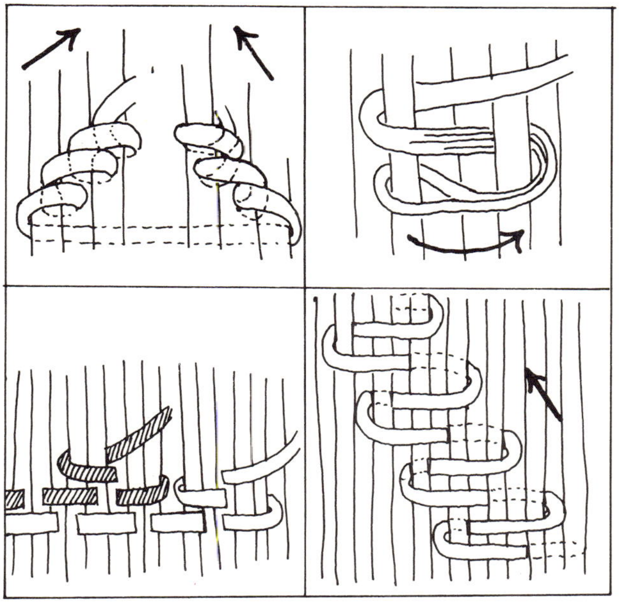

a) Wenn eine Farbe bei Beginn zwei naheliegende Ausgangspunkte hat, wie beim Vogelfuss, wird das vierfache Garn in das Fach eingelegt und dann Richtung Mitte weitergezogen. Beachten Sie die Richtung der Schlaufen.
b) Falls nur eine Farbe beginnt, wird ein doppeltes Garn in der Mitte um den Kettfaden herumgeschlungen und dann mit dem so entstandenen Vierfachfaden weitergezogen.
c) Dies ist ein Anfang, wie man ihn beim Rocksaum sieht. Die erste Farbe wird so durch die obere Kettlage gewunden, dass möglichst viel des Fadens sichtbar wird. Am Ende wird mit einer Achterschlaufe höhergeflochten. Die zweite Farbe wird auf die gleiche Art, jedoch versetzt und kürzer, eingelegt und einmal durchgezogen. Jetzt erst wird der Querfaden durchgeschossen.

Das Formen der Figur
Das weitere Formen der Figur geschieht auch mittels Schlingen.
Dünne Farblinien (waagrecht, schräg oder senkrecht) werden in einfachen, dicht aneinanderliegenden Schlaufen angebracht. Die Richtung der Schlaufen richtet sich dabei nach der Richtung der Schräge a).
Auf Zeichnung d) sehen Sie eine Achterschlaufe, wie sie für mittlere Farbwege (4–6 Fäden) benutzt wird. Einmal hin und einmal zurück ergibt einen Webvorgang.

Huipil (halbes Vorderteil) aus
San Pedro Sacatepéquez

Am Beispiel San Pedro Sacatepéquez

Material: Grundgewebe weiss, dreifache Kettfäden, dreifacher Schuss, für Muster zwölffacher dünner Baumwollfaden (sechsfaches Stickgarn).

Motive: Baum, Vögel, andere Tiere, geometrische Musterbänder.

Anordnung: Reihenweise ein Motiv im Rapport, an der Schulter geometrische Muster, besonders dicht.

Technik: Zweiseitig sichtbar.

Farbe: Violett (mit wenigen Streifen in Grün, Blau, Rosa, Rot und Orange).

Diese Methode, Figuren einzuweben, ist besonders dann angebracht, wenn die Motive einfarbig, quergestreift oder mit wenigen Farbflecken aufgelockert sind. Da die Musterfäden über die ganze Reihe eingewebt werden, ist ein Lesestab (siehe Seite 28) zum Abteilen und Auffädeln der Kettfäden notwendig. Sie zählen das Muster der Kettfäden pro Reihe mit dem Stab, stellen ihn hochkant und legen den Faden ein. Das Fadenende bleibt hinter der Weberei. Vergessen Sie nicht, nach jeder Musterreihe auch Schuss und Fachwechsel durchzuführen. Um keine allzulangen Musterfäden über (unter) das Grundgewebe zu führen, unterteilt der Indianer die Figur in ornamentale Muster, die er durch ein gezieltes Auf und Ab leicht erzeugt. Zählen Sie bei dieser Technik die Fäden sehr genau ab, damit die Linien und Kästchen wirklich sauber aussehen. Um eine gleichmässige Schräge zu erzielen, versetzen Sie die Einwebfäden pro Reihe gleichmässig.

Auf den nächsten Seiten finden Sie 30 Beispiele:

1 Doppeladler (Nahualá)
2 Truthahn (San Pedro Sacatepéquez)
3 Truthahn (Chajul)
4 Vögel (Nebaj)
5 Truthahn (Santa María de Jesús)
6 Frau (Nahualá)
7 Adler (Nahualá)
8 Vogel (Nahualá)
9 Vogel (Cobán)
10 Vogel (Santa María de Jesús)
11 Adler (San Pedro Sacatepéquez)
12 Hahn (Nahualá)
13 Truthahn (Santa María de Jesús)
14 Pferd (San Pedro Sacatepéquez)
15 Affe (San Pedro Sacatepéquez)
16 Jaguar (San Pedro Sacatepéquez)
17 Löwe (San Pedro Sacatepéquez)
18 Stern (Santa María de Jesús)
19 Stern (Santa María de Jesús)
20 Zacken (San Pedro Sacatepéquez)
21 Zacken (Nahualá)
22 Pferd (Chichicastenango)
23 Pferd (Santa María de Jesús)
24 Pferd (San Pedro Sacatepéquez)
25 Pferd (Nebaj)
26 Eichkätzchen (San Pedro Sacatepéquez)
27 Stern (San Pedro Sacatepéquez)
28 Hirsch (San Pedro Sacatepéquez)
29 Pferd (Santa María de Jesús)
30 Hund (San Pedro Sacatepéquez)

4

5

6

7

8
9
10

11

12

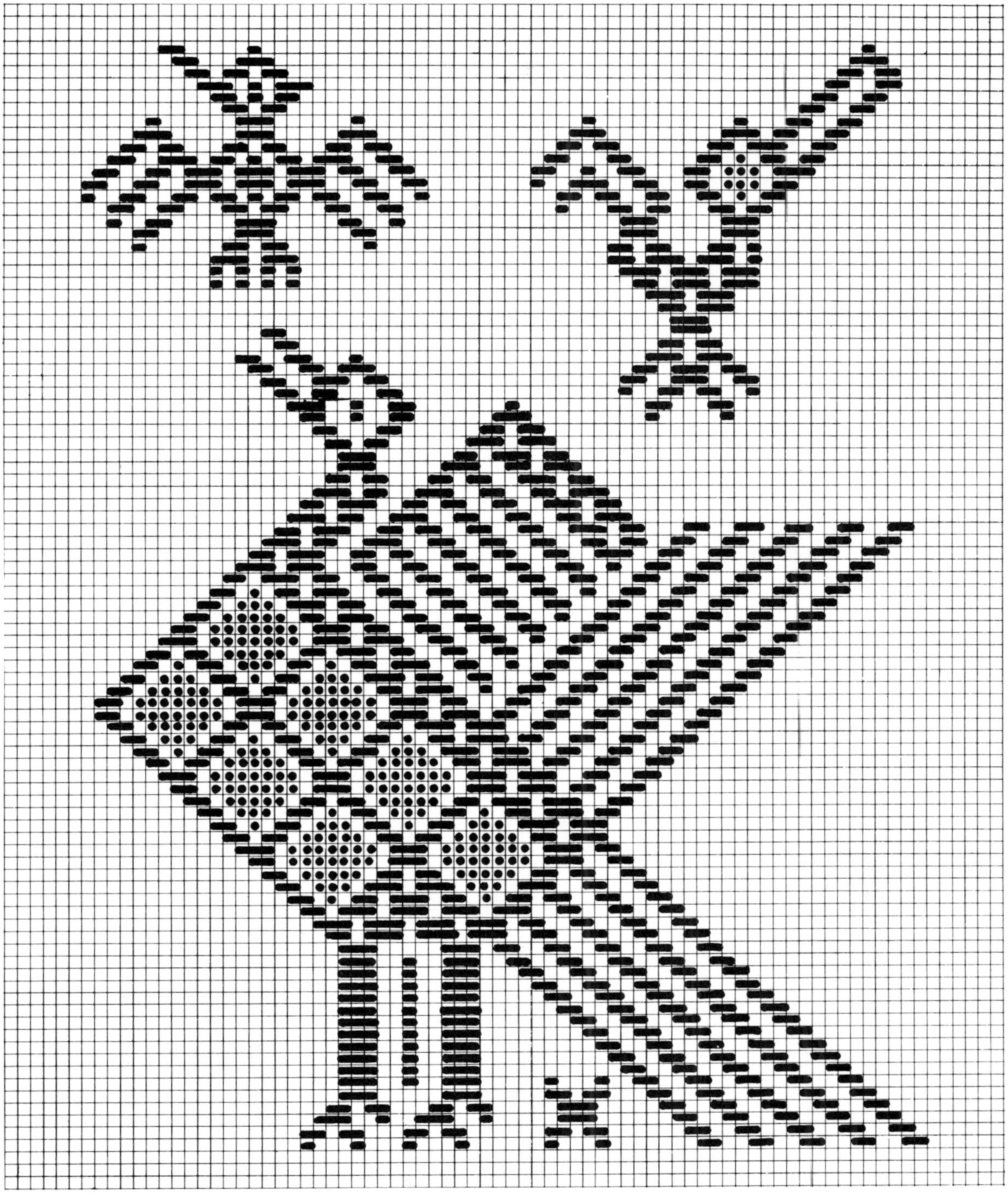

13

14

15

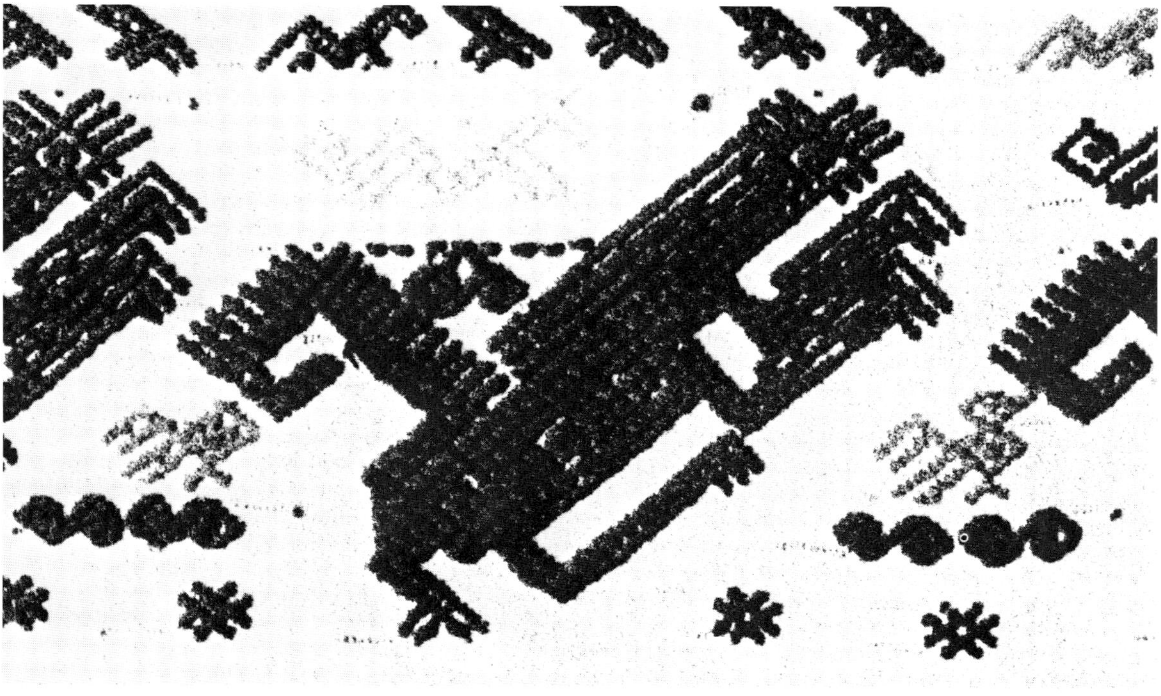

16

17

18

19

20

21

22

23

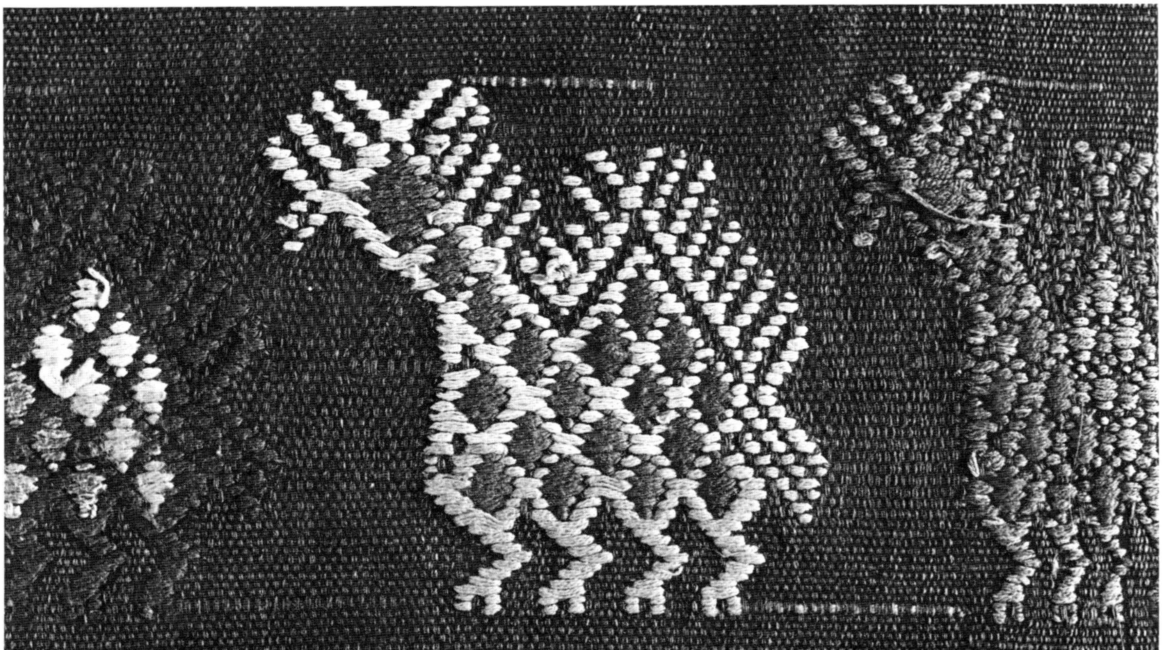

24

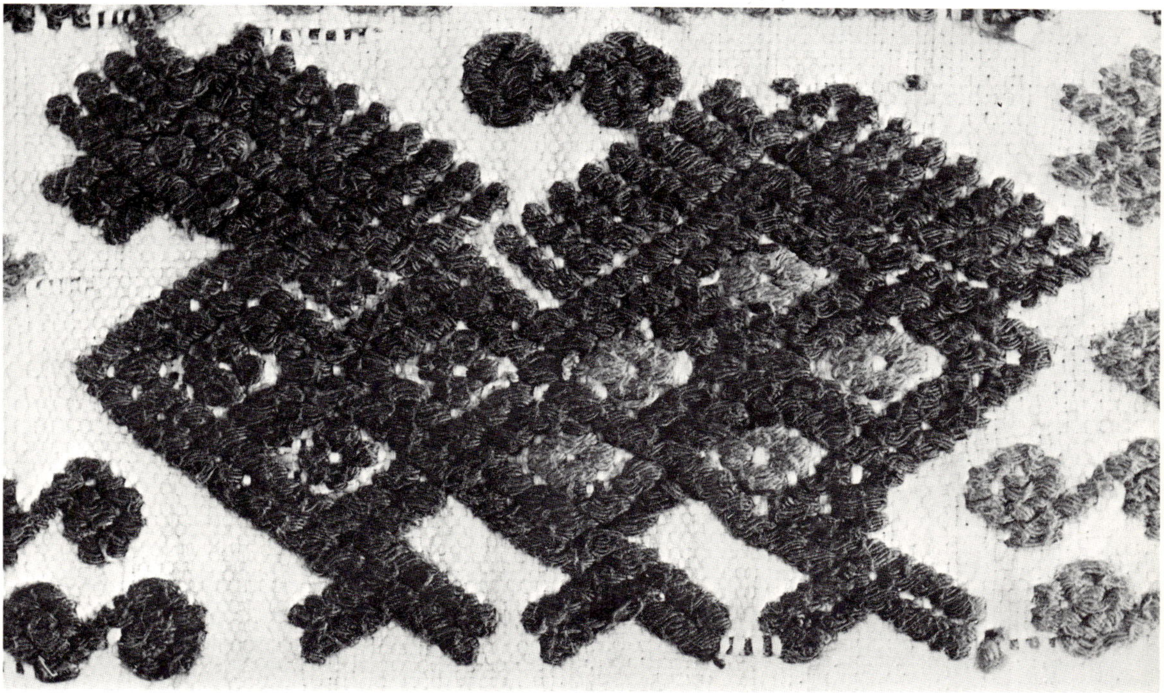

25

26
27
28

29

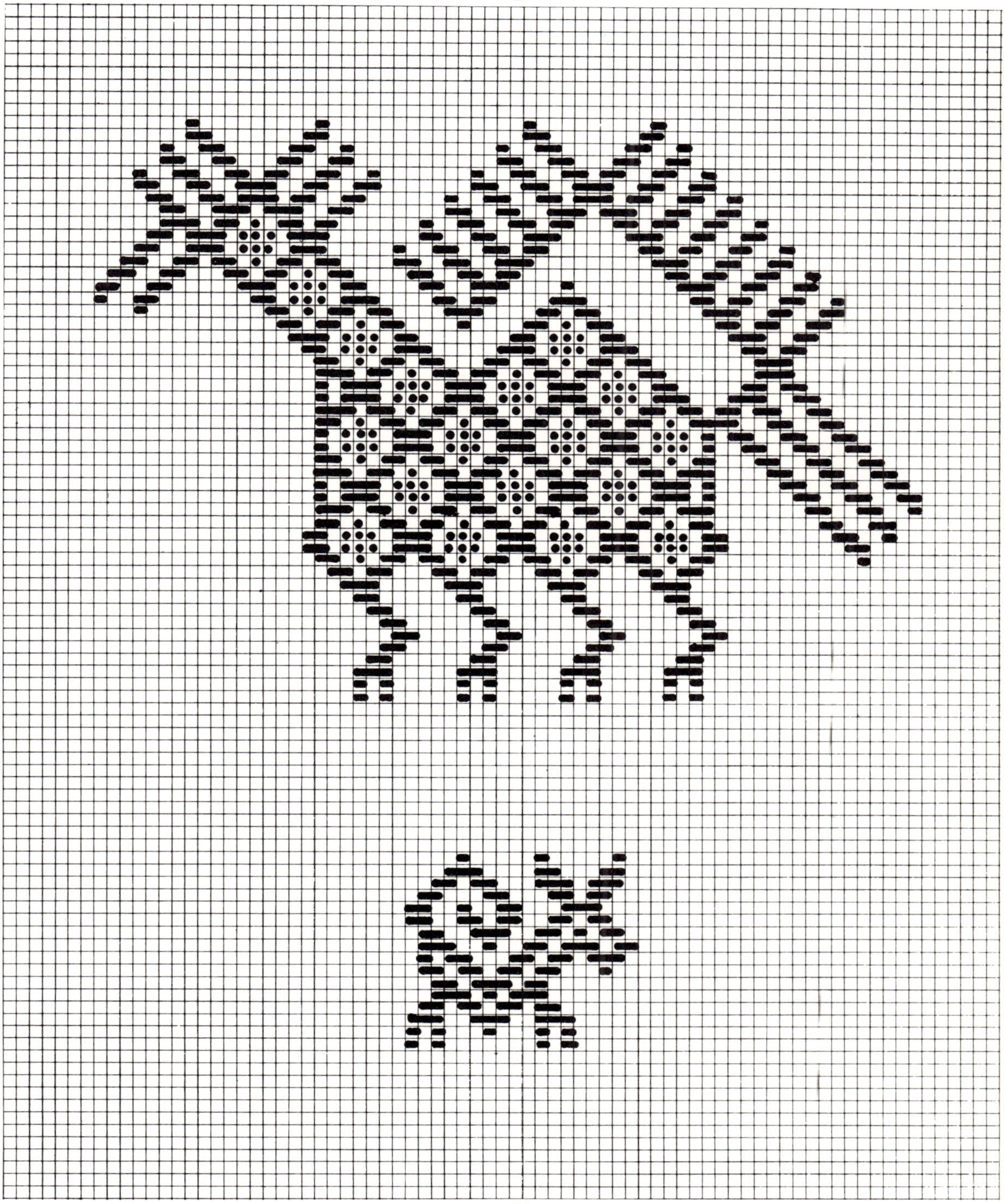

30

Kompliziertere Muster nach alten Indianermotiven
Am Beispiel San Antonio Aguas Calientes. Alle Muster eines Ortes

Die Indianerinnen von San Antonio Aguas Calientes sind berühmt für ihre feinen Muster und ihre ausgezeichnete Webtechnik.

Material: Das Grundgewebe ist immer sehr fein aus einem einfachen Kett- und Schussfaden gewebt, die eingearbeiteten Muster aus dreifachem Garn.

Motive: Geometrische Formen (die benannt sind) in Streifenform (siehe Abbildung).

Anordnung: Die *huipiles* sind so dicht mit Mustern bewebt, dass selten der Untergrund sichtbar ist. Nur der Teil, der unter dem Rock getragen wird, birgt einfachere Muster. Die Schwerpunkte liegen sowohl farblich als auch schwierigkeitsmässig um die Brust und Schulter, wobei sich die Motive ober- und unterhalb der Bruststreifen symmetrisch wiederholen. Zwischen den komplizierten Mustern sind kontrastierende waagrechte Farblinien eingewebt.

Technik: Grösstenteils einseitig sichtbar, nur Teile an den Schultern und um die Brust doppelseitig sichtbar.
In diesem Kapitel möchte ich jedoch nur auf die einseitig sichtbare näher eingehen. Um schneller vorwärtszukommen, nimmt man ein bis drei Litzenstäbe zu Hilfe. Als zusätzliche Hilfe für kompliziertere Muster wird eine Beinnadel zum Weben verwendet. Zählen Sie sehr genau, sonst werden die Muster unregelmässig.

Farbe: Das Grundgewebe ist einfarbig, die Muster sind bunt. Hier sind z. B. 16 Farben auf weinrotem Grund verarbeitet. Der Halsausschnitt und die Armlöcher wurden zusätzlich mit blauem Samt verziert.

Besondere Behelfe: drei Litzenstäbe
eine Beinnadel (lang)

Die nächsten Seiten zeigen diese Muster nicht in der Reihenfolge des *huipils*, sondern in der Reihenfolge des Schwierigkeitsgrades.

Ausschnitt aus einem huipil
von San Antonio Aguas Calientes

Arco espina
(Dornenbogen)

Bandera
(Fahne)

Pie de chucho
(Hundspfote)

Pepita
(Korn)

Ojetes
(Löcher)

Señorita
(Dame)

Pepenado
(Streifen)

Mosquitos
(Mücken)

Einziehen der Litzenstäbe

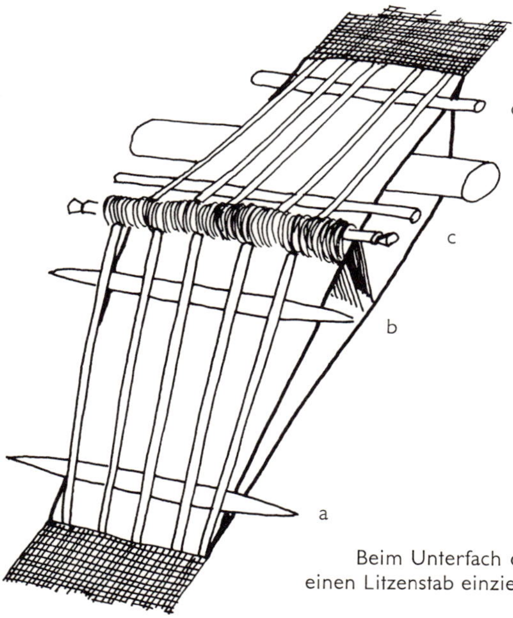

Beim Unterfach oben einen Litzenstab einziehen.

Oberfach

a) Nehmen Sie wieder mit dem Lesestab jeden fünften Faden der oberen Kettlage auf, aber genau in der Mitte zwischen den im Unterfach abgesonderten Fäden.
b) Schieben Sie den Stab möglichst weit nach hinten zum Kamm.
c) Jetzt wird ein Hilfsstab in das Fach hinter dem Kamm eingeführt, der zur Fadenkreuzung hochgeschoben wird.
d) In das sich unten bildende Fach schieben Sie den Litzenstab ein.
e) Bei Nichtgebrauch wieder ganz zurückschieben.

Eine Kennzeichnung der beiden Litzenstäbe durch Farbe oder Form lässt eine schnellere Handhabung zu.

Als Hilfsmittel zum Absondern immer wieder benötigter Kettfäden ziehen Sie Litzenstäbe ein. Diese bleiben bis zur Beendigung dieses Webstückes eingefädelt, da sie in vielen Musterstreifen gebraucht werden.

Unterfach

a) Nehmen Sie mit dem Lesestäbchen jeden fünften Faden der oberen Kettlage auf.
b) Schieben Sie es möglichst nahe zum Kamm.
c) Hinter dem Kamm bildet sich jetzt ein Fach, in das Sie den Litzenstab einführen.
d) Wenn Sie ihn gerade nicht brauchen, schieben Sie ihn weit zurück, sogar hinter das Rundholz.

Zur Benützung wieder in Stellung c) bringen und mit einer langen Nadel mit grossem Öhr oder Webnadel durch das entstandene Fach b) den Schuss einführen.

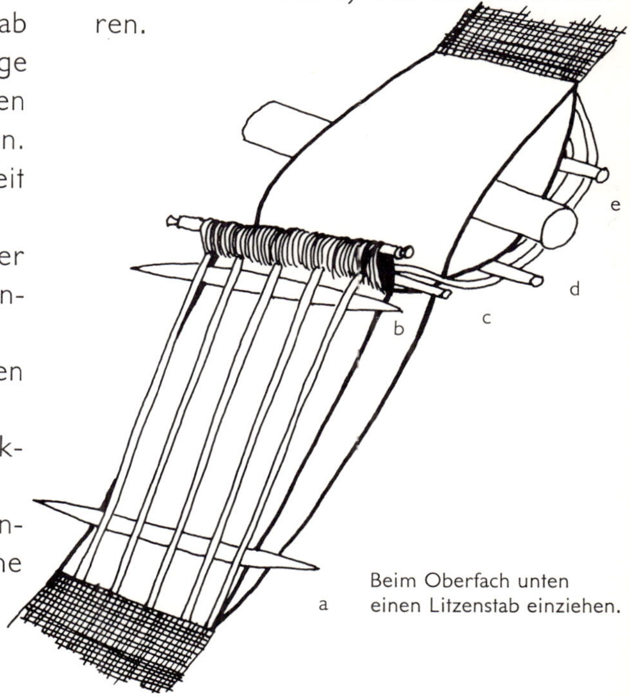

Beim Oberfach unten einen Litzenstab einziehen.

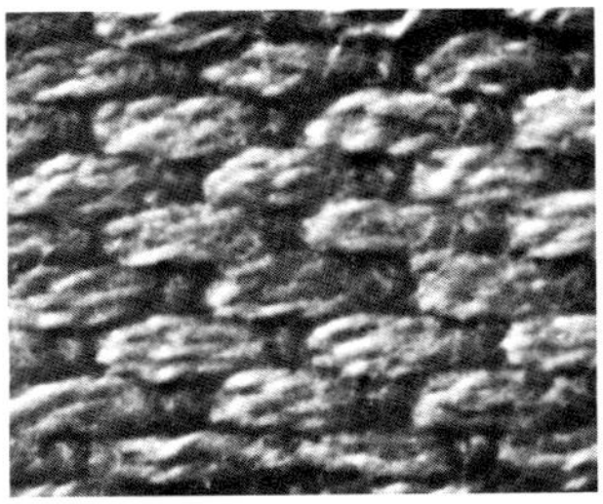
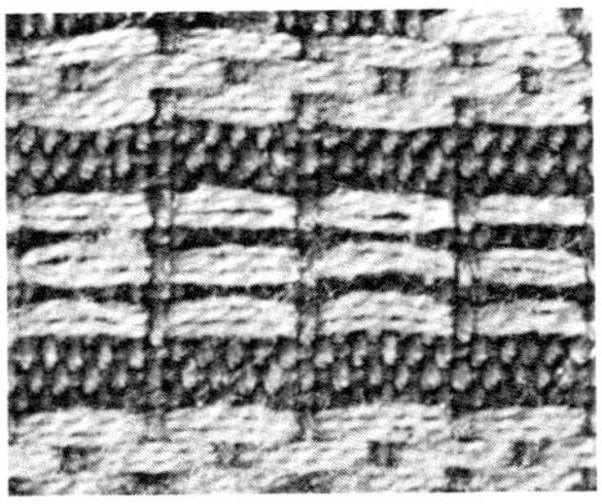

Pepenado (Streifen)

Sie können durch die Verwendung immer desselben Litzenstabes oder durch das Abwechseln zweier Litzenstäbe verschiedenste Streifen gestalten. Zwei in San Antonio Aguas Calientes übliche Beispiele sind hier angeführt.
Lesen Sie die Zeichnung rechts immer von unten nach oben, wie Sie auch weben. Die Kettfäden sind versetzt dargestellt, wodurch Sie den Weg des Musterfadens wirklich gut erkennen können.
Zeichnen Sie jedes Muster zuerst im Buch weiter, bevor Sie mit dem Weben beginnen. So üben Sie einerseits die Fadenführung ein, andererseits können Sie überprüfen, ob Sie es auch wirklich verstanden haben. Der Musterschuss wird am besten mit einer langen (Bein-) Nadel mit grossem Öhr eingefädelt.

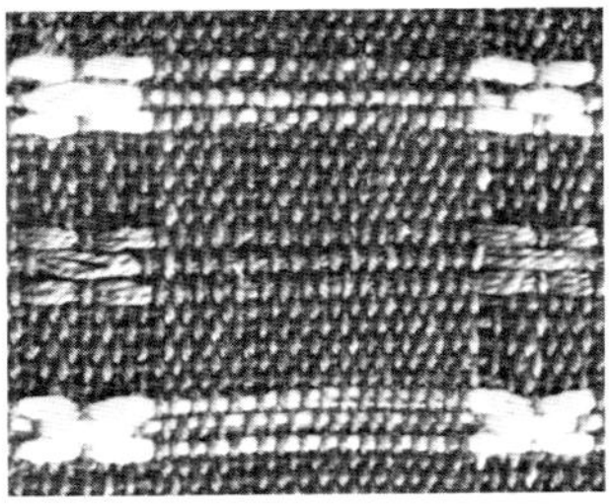

Mosquitos (Mücken)

Schieben Sie die beiden Litzenstäbe weit nach hinten, Sie müssen für dieses Muster vorübergehend neue einziehen.
Der erste neue geht über zwei Kettfäden, lässt einen aus und wieder über zwei. Zwischen den punktförmigen Motiven werden etwa 20 (linke Abb.) bis 30 (rechte Abb.) Kettfäden ausgelassen.
Wollen Sie die *mosquitos* nicht übereinander, sondern versetzt einweben, ziehen Sie noch einen Litzenstab ein, diesmal nehmen Sie aber die zwei und zwei Kettfäden in der Mitte des Zwischenraumes auf.
Zwischen den zwei kurzen Strichen muss immer extra ausgezählt und mit dem Lesestab die Reihe mit den vier verdeckten Kettfäden aufgelesen werden. Ist das Muster fertiggestellt, entfernen Sie die Litzenstäbe wieder, die speziell dafür angebracht worden sind.

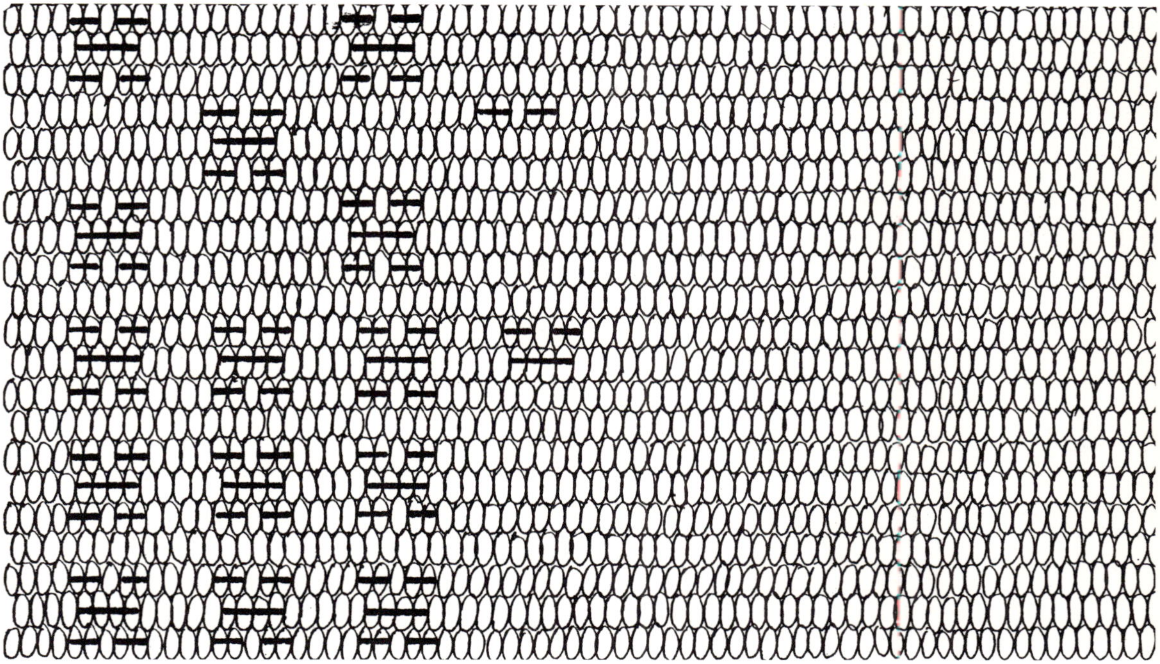

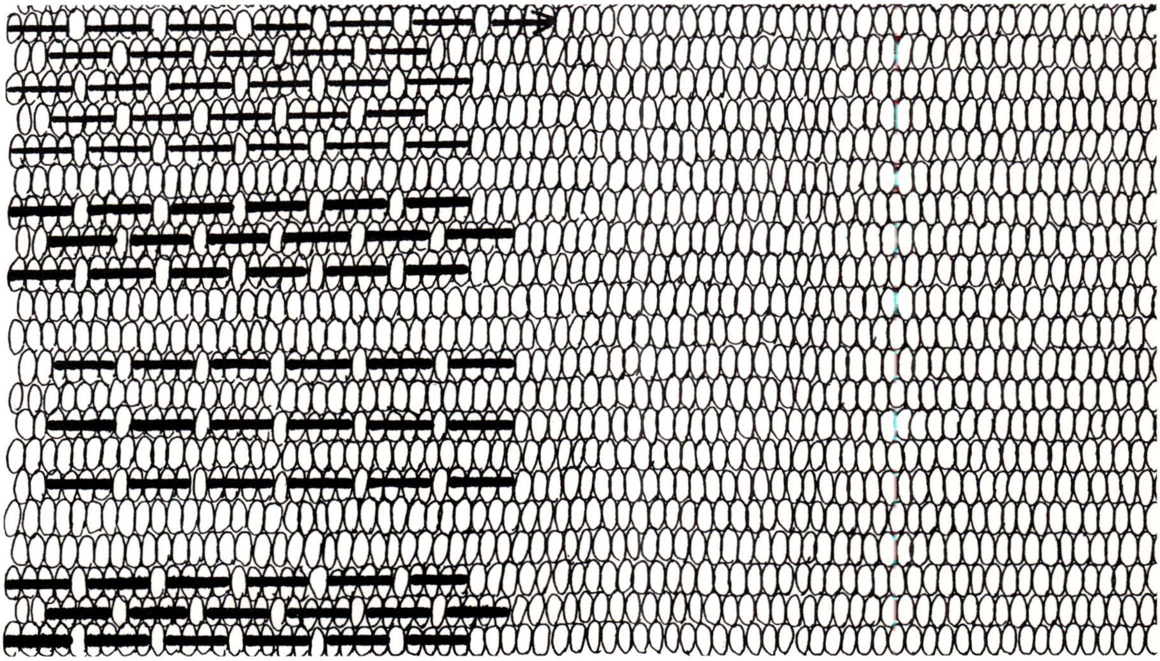

Ojetes (Lochmuster)

Elf Reihen versetzte *mosquitos* eng aneinandergeschoben ergibt dieses Muster, das am ehesten an ein Netz oder einen Gitterzaun erinnert. Sie müssen wieder zwei Litzenstäbe auffädeln. Jetzt wird es für Sie ja ein leichtes sein, bei so viel Übung!
Dieses Lochmuster geht sehr schnell vorwärts. Wollen Sie es genau nach dem Original machen, müssen Sie als Länge für den Schuss 33mal die Stoffbreite aufwickeln und etwa 30 cm mehr, weil durch das Auf und Ab zusätzlicher Faden verbraucht wird.
Nach Fertigstellung nehmen Sie die speziell dafür gebrauchten Litzenstäbe wieder heraus.

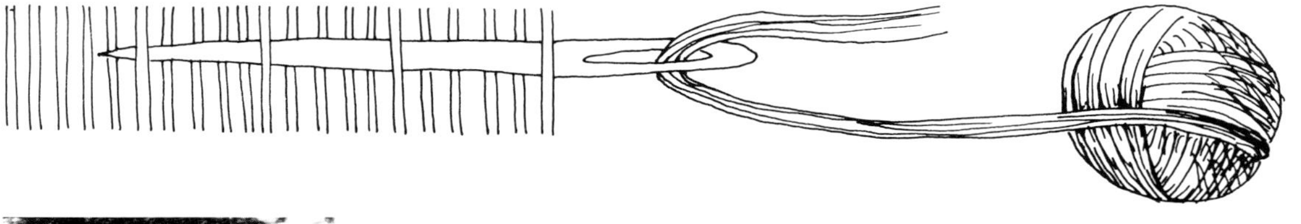

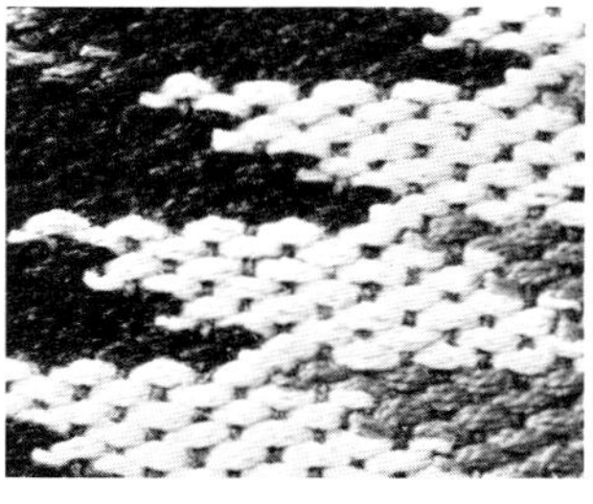

Pepita (Korn)

Die mit den Litzenstäben jeweils hochgehobenen Kettfäden sind auf der nebenstehenden Zeichnung stärker ausgezeichnet. Sie brauchen acht Farben (jede etwa 1,5 bis 2 Stoffbreiten lang), die immer wieder im Rapport vorkommen. Der Faden wird pro Farbe hochgeschlungen, das Ende hängt vorne heraus.

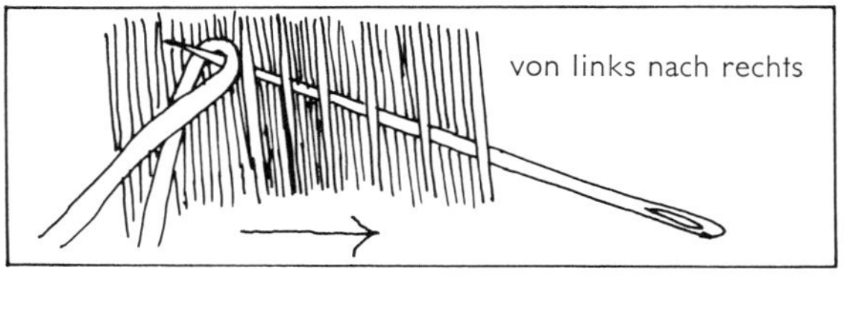

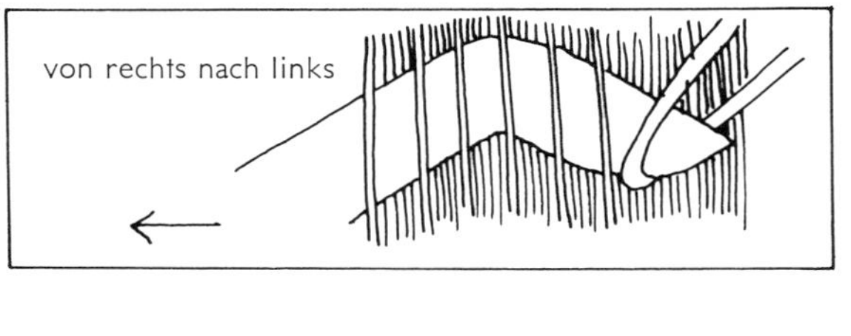

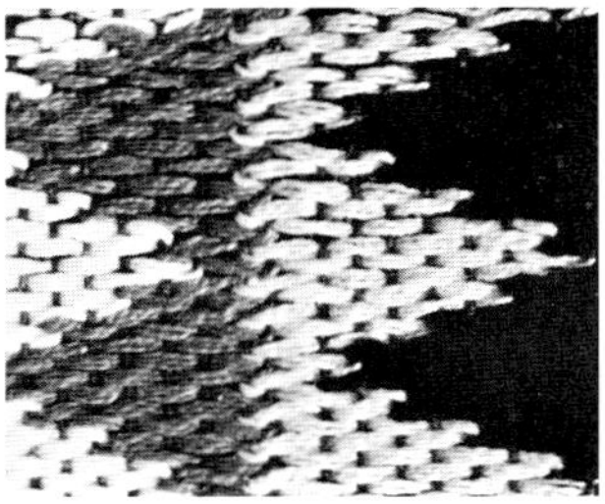
Bandera (Fahne)

Auch bei diesem Muster werden die Litzenstäbe eingesetzt, wodurch die Arbeit schnell vorangeht. Der *huipil* von San Antonio Aguas Calientes zeigt für dieses Band zehn Farben, die sich im gleichen Rhythmus wiederholen.

In der Musterzeichnung daneben sind die durch die Litzenstäbe getrennten Kettfäden jeder Reihe wieder herausgestrichen, dadurch fällt das Zählen leichter.

Falls Sie die senkrechte Teilung in der Mitte weglassen, können Sie ein Zickzack-Muster weben, das die Indianer *tejida jaspe* nennen, was «gefleckte, marmorierte Weberei» bedeutet.

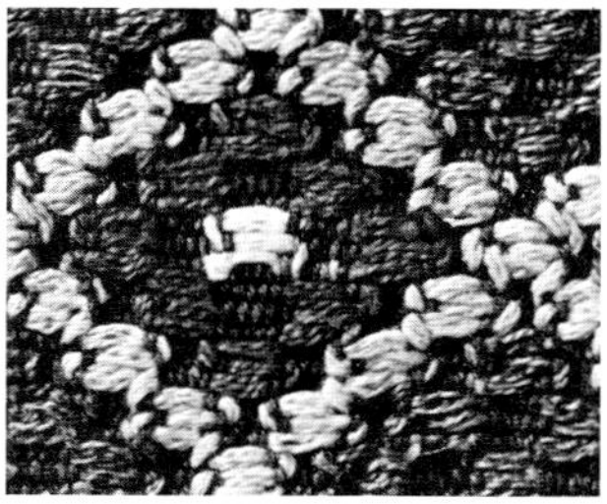
Pie de Cucho (Hundsspuren)

Dieses Muster wird ohne Hilfe der Litzenstäbe gewebt. Eine Beinnadel oder eine grosse Nadel mit abgerundeter Spitze wird zum Zählen und Auflesen verwendet. Das Muster besteht aus kleinen, drei Reihen hohen Quadraten, die wiederum versetzt aneinandergereiht Linien und Flächen bilden.

In der Zeichnung wurde jeder fünfte Faden betont, damit Sie das System der Schlingungen leichter erkennen. Beachten Sie beim Weiterzeichnen besonders die Fadenführung an der Kreuzung der Linien.

Die bunte Vorlage zeigt für dieses Muster vier Farben, manchmal sieht man es aber auch dreifarbig, ohne den Tupfen in der Mitte.

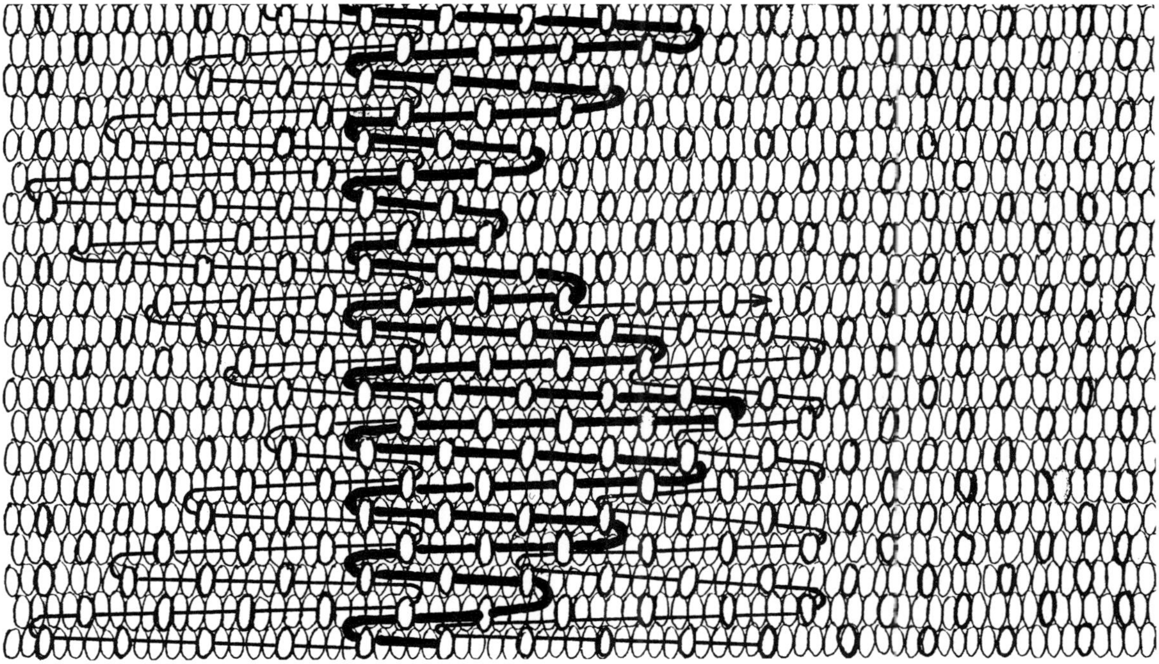

Señorita (Dame)

Die Dame ist durch X-Beine symbolisiert. Zwischen diesen X ist hier ein *mosquito* eingewebt. Als Variation gibt es auch oft eine Hundsspur dazwischen, das X ist dann aber etwas grösser.

Für dieses Muster brauchen Sie zwei Farben.

Die Beine der Dame werden Reihe um Reihe weitergeschlungen, die *mosquitos* dazwischen mittels eingelegten Litzenstäben und langem Lesestab aufgehoben und der Musterschuss von einem Rand der Weberei zum anderen durchgeschossen.

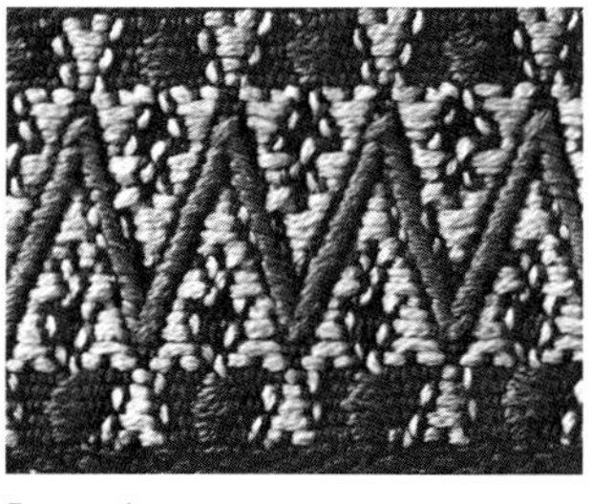
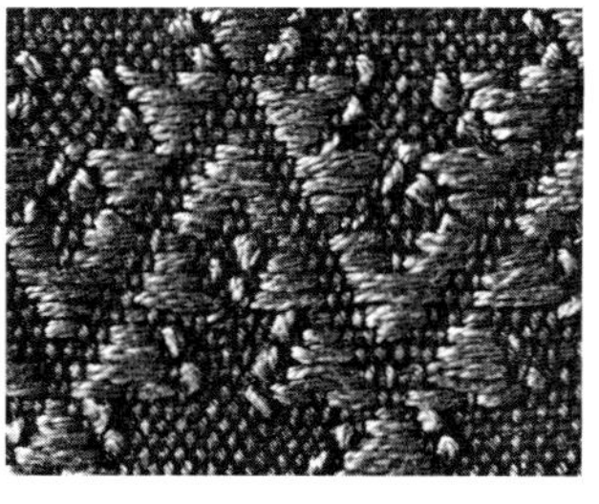
Arco espina (Dornenbögen)

Bei den Dornenranken gibt es ein Grundmuster, das manchmal auch allein eingewebt wird (rechte Abbildung). Meistens jedoch werden drei Farben und drei unterschiedliche Einwebtechniken verwendet.

1) Als erstes werden die Dornen eingeschlungen, so dass auf den richtungswechselnden Stellen kleine tupfenartige Schlaufen entstehen, die diese Webart kennzeichnen.

2) Alle Punkte einer Reihe werden zugleich mit dem Lesestab aufgelesen und mit der gewünschten Farbe durchgeschossen.

3) Die mittlere Zackenlinie betont die Bögen. Sie wird nach den Dornen in die Reihe eingezogen und geht über zwei Fäden. Die Richtung der einfachen Schlingen ist in der Zeichnung ersichtlich. Beachten Sie, dass Sie am Beginn den Faden so einlegen, dass er zwei gleich lange Enden hat.

Wie entwerfe ich mein eigenes Webmuster?

Anleitung zur Kreativität

An den vielen hier angeführten Beispielen können wir sehen, wie vielfältig und phantasievoll die Figuren in den Textilien der Indianer Guatemalas sein können. Jedes Dorf hat seine Webmuster, seine Motive, seine Farben.

Auch Sie sollten Ihren persönlichen Stil herausfinden. Begeistert Sie die bewegte Figurenpalette mit der Zehnfarbenskala von Nebaj, oder finden Sie die stark stilisierten einfarbigen Tiere von San Pedro Sacatepéquez reizvoller? Lassen Sie Ihrer Phantasie freien Lauf! Machen Sie es wie die Indianer, weben Sie Ihren Stoff mit Motiven aus Ihrer Umgebung und Ihrem Interessenbereich. Was für den Indianer der Mais oder der Truthahn bedeutet, sind in unserem Kulturkreis vielleicht Phantasiepflanzen oder eine Wolke.

Ob Sie Ihre Arbeit mehr inhaltlich bestimmen, geschichtenerzählend oder einfach ästhetische Formen und geometrische Muster in ausgewählten Farben einweben, es soll und wird Ihr Werk, *Ihr Bild* entstehen. Vielleicht ist es am leichtesten, schon bekannte Formen einfliessen zu lassen, bis man ganz eigenständige Bilder webt.

Orientieren Sie sich an der Einfachheit der Kinderzeichnungen, lassen Sie Schatten und perspektivische Darstellung weg, doch versuchen Sie, in Farben zu gestalten!

Konzipieren Sie erst im grossen, bevor Sie an Details der Figuren denken.

Beim Entwurf sollten Sie folgende drei Punkte überlegen und auch aufeinander abstimmen:

Anordnung

Farben

Motive

aus Nahualá

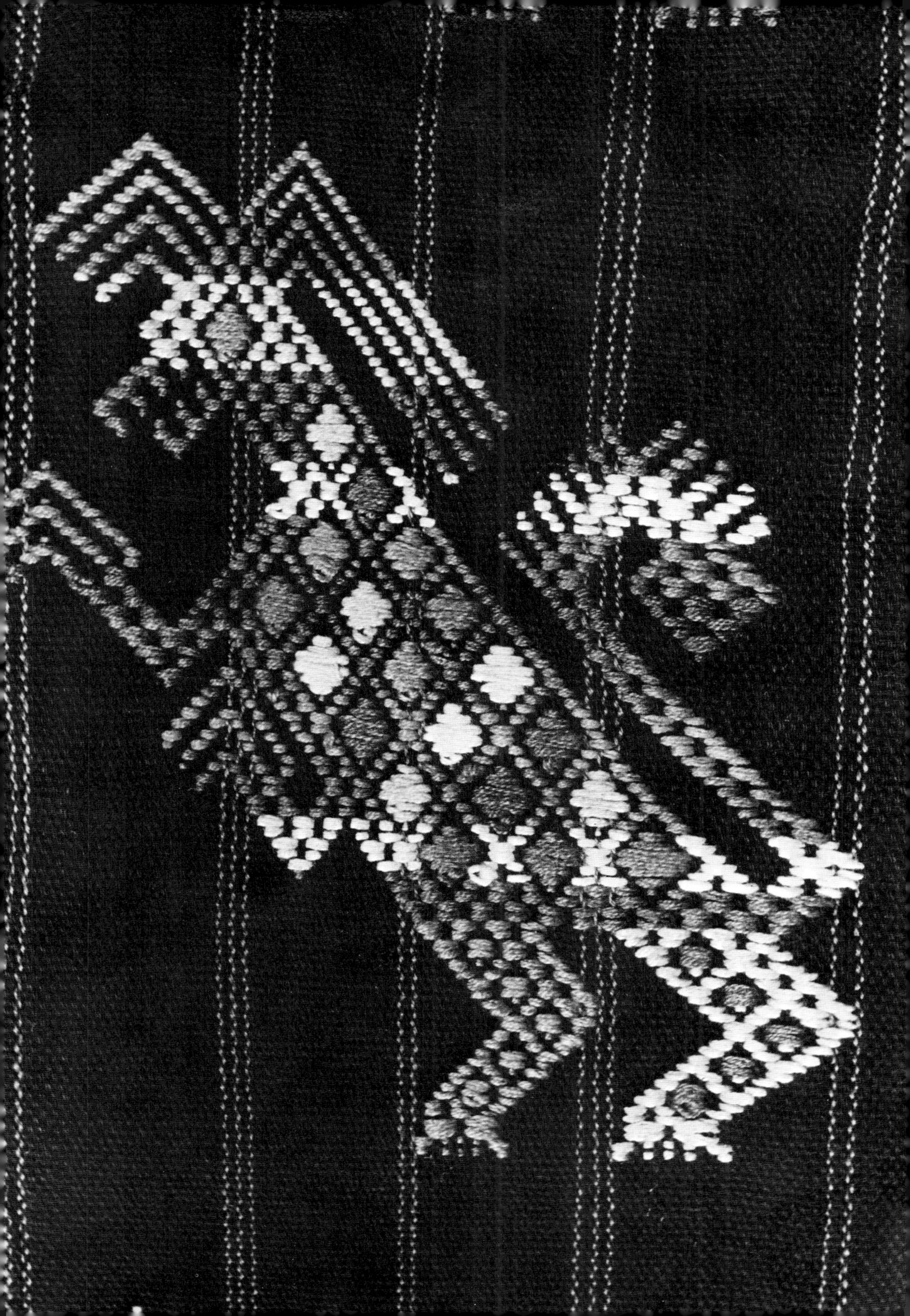

Anordnung

Es ist gut, wenn Sie die Anordnung der eingewebten Formen zuerst in kleinen Skizzen versuchen.

Überlegen Sie, ob Sie eine zentrale Figur als Blickfang, eine Geschichte in Streifen oder vielleicht ein lustiges Durcheinander zeigen wollen. Sind die Dinge auf dem Stoff symmetrisch angeordnet oder streben Sie absichtlich aus der Mitte?
Der Verwendungszweck des gewebten Stückes wird die Gestaltung sicher mitbeeinflussen. Es ist doch ein Unterschied, ob es ein Polster, ein Wandbehang, eine Bluse, eine bunte Tasche, ein Kleidereinsatz oder ein Bild wird. Oder zerschneiden Sie am Ende den gewebten Stoff in viele kleine Rechtecke mit je einer Figur und verschicken Sie Ihr Werk auf Karton aufgeklebt an Freunde?
Lassen Sie sich von den vielen Beispielen an den Indianertrachten zu ungewöhnlichen Versuchen inspirieren!

Farben

Wichtig ist, dass Sie schon in den Skizzen wenigstens grob die Farbe anlegen. Wie entscheidend sie Ihre Arbeit beeinflusst, können Sie an diesem Beispiel ausprobieren. Wenden Sie hier verschiedene Farbkombinationen an.

Beziehen Sie auch das Grundgewebe in Ihre Farbgebung mit ein. Es besteht ja die Möglichkeit, durch verschiedenfarbige Kettfäden durchgehende, nur an den Rand gesetzte oder anderswo plazierte Streifen zu erzielen.

In der Farbwahl übernehmen Sie entweder die Kombination der Indianer und machen sich damit ein bisschen deren Sehweise zu eigen oder verwenden ganz und gar Ihre Farben, Ihrem Charakter und der Stimmung entsprechend. Bedenken Sie aber immer, dass eine Farbe durch ihre Umgebung gesteigert oder gedämpft werden kann.
Bei zu bunten Bildern sollten Sie schon einige Erfahrung mit der Farbe haben, damit das Endprodukt noch übersichtlich bleibt und Ihren Vorstellungen entspricht.

Motive

Wenn Sie jetzt genug Ideen und Skizzen haben, müssen Sie die geplanten Muster webgerecht darstellen. Wichtig beim Zeichnen ist, dass Sie vereinfachen und Rundungen in eckige Formen auflösen. Hier zeige ich Ihnen ein Beispiel einer Musterzeichnung für die Schling-Webtechnik von Nebaj.

Oben sehen Sie einen Entwurf und unten die davon abgeleitete Webzeichnung

Über die Zeichnung legen Sie ein Transparentpapier und malen die Form in Farben aus. Wollen Sie noch freier arbeiten, bereiten Sie eine bestimmte Farbpalette vor und weben darauflos.

Eine noch genauere Methode beim Erfinden webgerechter Figuren ist das Zeichnen auf Millimeterpapier, noch besser kariertes Papier. Dabei bedeutet ein Kästchen üblicher-

weise einen Kett- und einen Schussfaden. Bedenken Sie auch, dass sich durch den Fachwechsel automatisch eine Schräge ergibt. Entwerfen Sie also möglichst Zeichen, Muster und Figuren, in denen die Waagrechte und etwa 45° Schräge, selten die Senkrechte vorkommt.
Falls ein Motiv eine lange Waagrechte in einer Farbe verlangt, muss der Musterfaden ein paar Mal durch Kettfäden unterbrochen werden, damit keine lose Schlaufe weghängt. Vergleichen Sie Lösungen (San Pedro Sacatepèquez, Nahualá), die die Not zur Tugend machen und innerhalb der einfarbigen Form auf diese Art Ornamente gestalten.

DIE TRACHT

Dass Bekleidung im ursprünglichen Sinn einerseits als Schutz gegen Kälte, andererseits als Schmuck des Trägers und als Kennzeichnung seiner Zugehörigkeit und seines Standes dient, lässt sich gerade an der Tracht der Maya-Nachkommen in Guatemala gut ablesen.

Grundsätzlich ist dort die Kleidung praktisch, d.h. den klimatischen und örtlichen Bedingungen angepasst. Sie ist traditionsgebunden in Form und Farbe und so keinerlei Modetrend unterworfen. Die einfachen Schnitte von Bluse, Hemd, Rock erlauben grössere Bewegungsfreiheit und «wachsen» mit, egal ob die Frau schwanger oder die Tochter grösser wird.

Wir begegnen in Guatemala einer unwahrscheinlichen Vielfalt an Ausdrucksmitteln in der Tracht, und doch liegt ihr immer dieselbe Zusammenstellung zugrunde.

Das Gewand der Frau besteht aus einem *huipil* (Bluse), Rock *(refajo)*, einem Gürtel *(faja)*, ein bis zwei Tüchern *(tzute)* und kunstvoll gestaltetem Kopfschmuck. Die Indianerin trägt diese Kleidung täglich und auch das kleine Mädchen wird sehr früh in dieser Form gekleidet. In ärmeren Familien besitzt die Frau nur ein bis zwei Garnituren. Ist sie reicher und gehört sie vielleicht sogar der sozialen Oberschicht an *(cofradía)*, zeigt sie ihren Stand vor allem in Details wie spezielle Muster, Grösse und Material der Tracht an.

Die Männertracht verschwindet leider immer mehr. Oft weist nur noch eine rote Schärpe oder die Tasche als Zubehör zur westlichen Kleidung auf die indianische Abstammung hin. Der Mann trägt Hose, Hemd, Gürtel, Wolljacke, Tuch oder Hut, Sandalen und Tasche. Man sagt, in der Hochkultur der Maya sollen auch die Männer einen langen Umhang getragen haben, die Hosen und Jacken hätten sie erst von den Spaniern übernommen.

Ich möchte mich in diesem Kapitel auf die Trachten beschränken, die man heute noch in den Dörfern Guatemalas sieht, und auf die Variationen der einzelnen Teile. Vor allem möchte ich auch die Einheit von Farbe und Form innerhalb eines Dorfes zeigen.

Und was wir davon lernen

Der Reiz Ihrer Webereien liegt in den Farben und Mustern. Zerstören Sie nichts durch Benützung komplizierter Schnitte bei der Weiterverarbeitung. Einfache Schnitte werden das Gewebte besser zur Geltung bringen und das Natürliche einer selbständigen Arbeit unterstreichen.
Es kommt vielmehr auf die Proportion an, ob Sie eine kurze, breite Bluse gestalten, die Sie zu Jeans oder zum schmal geschnittenen Rock tragen, oder einen langen *huipil* zum Kleid oder zur Tunika werden lassen. Verwandeln Sie Ihr einfaches Kleidungsstück auch durch immer wieder anderes Falten, Raffen mit dem Gürtel oder sonstiges.
Schauen Sie sich bei all den abgebildeten Beispielen die Nähte und die Halsausschnittgestaltung genau an. Sie können auch bei einer einfarbigen Kleidung zum Blickfang werden, wie manchmal wenige Muster, am richtigen Platz angebracht, wirkungsvoll sein können.
So wird ein Band, eine Tasche, ein bunt gewebter Fleck zum farbigen Blickpunkt und zum extravaganten Accessoir.
Wagen Sie auch einmal eine völlig neue Zusammenstellung von Farben und Formen, vergessen Sie aber nie, das Ergebnis in der Gesamtheit zu betrachten.
Lesen Sie nicht nur den Text, sondern versuchen Sie, möglichst viele Informationen auch den Abbildungen zu entnehmen.

Teile, Benennung und Form des Frauengewandes

Bluse (huipil)

Die Urform des Hemdes, wie man sie auf Abbildungen der Maya genauso findet wie in Ägypten oder im Orient, hat sich in Guatemala im *huipil* erhalten. Es ist ein gerades Stück Stoff, oft aus zwei oder drei Stoffbahnen zusammengenäht, das in der Mitte eine Öffnung für den Kopf hat und auf der Seite offen oder bis zu den Armlöchern zugenäht ist. Natürlich gibt es in den verschiedenen Dörfern unzählige Abwandlungen in unterschiedlichster Länge und Breite, nie jedoch wird die *Form* des Rechteckes an sich zerstört.
In feuchtheissen tieferen Regionen wird die Bluse kurz und gazeartig gewebt und luftig über den Rock getragen, während im Hochland der dicht bewebte *huipil* üblich ist.
Wir finden *farbige* und gestreifte Grundgewebe, die vereinzelt oder über das ganze Stück verteilt Figuren eingewebt haben. Die *Betonung* durch auffallendere, dichtere oder grössere Webmuster liegt meist auf Brust und Schultern.
Auch die *Naht* zwischen den gewebten Stoffbahnen hat oft dekorativen Charakter. Ausser der neuerdings in manchen Orten eingeführten Maschinennaht, sieht man die hier aufgezeichneten Verbindungsstiche in Baumwollgarn, Seide oder Wolle.

Naht

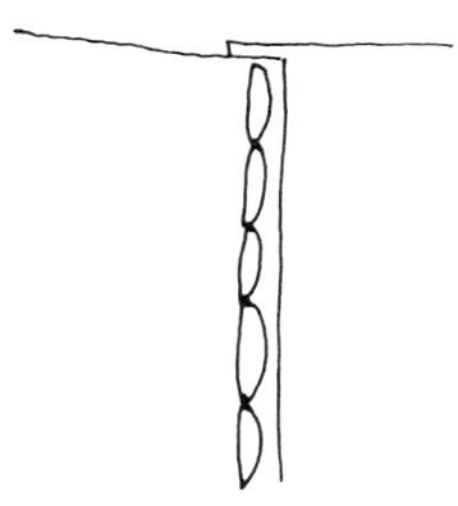

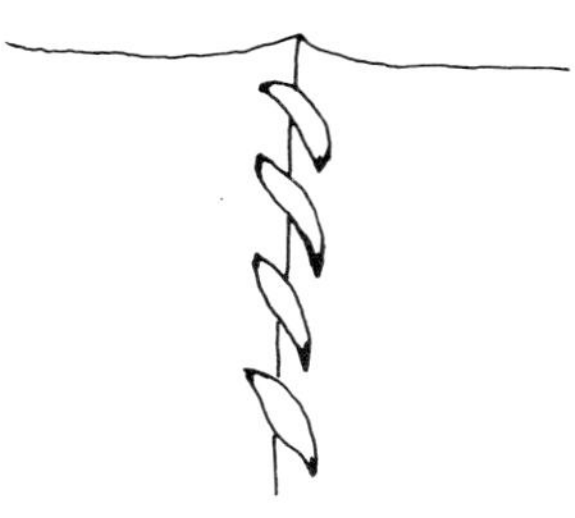

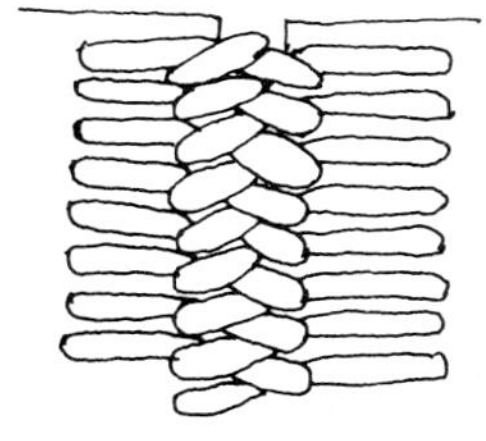

randa

Der Gestaltung von Arm- und besonders *Halsausschnitt* kommt grosse Bedeutung zu. Manchmal wird nur ein einfacher Schlitz offen gelassen, wie in Zacualpa. In San Pedro Necta, Nahualá und San Pedro Sacatepéquez werden die Ränder hingegen mit Baumwollgarn eingefasst. In Comalapa und San Antonio Aguas Calientes werden einfache Samtstreifen appliziert, wobei in letzterem Ort auch der Mond, das Zeichen der Frau, als kleiner Kreis aus Samt viermal angebracht ist. Auch in Chichicastenango findet man den Mond an Brust und Schultern der Bluse und rund um den Halsausschnitt gross die Sonne, die als Zeichen des Mannes gilt. Auch die *huipiles* von Nebaj, Cotzal und Todos Santos zeigen Sonnensymbole um den Hals, während in Cobán, Ixtahuacán und Aguacatán, um nur einige zu nennen, breite bandartige Muster in Baumwolle oder Seide aufgestickt werden. Blättern Sie das Buch einmal nur unter dem Aspekt «Halsausschnitte» durch: Sie werden viele Beispiele finden.

Cobán

Ixtahuacán

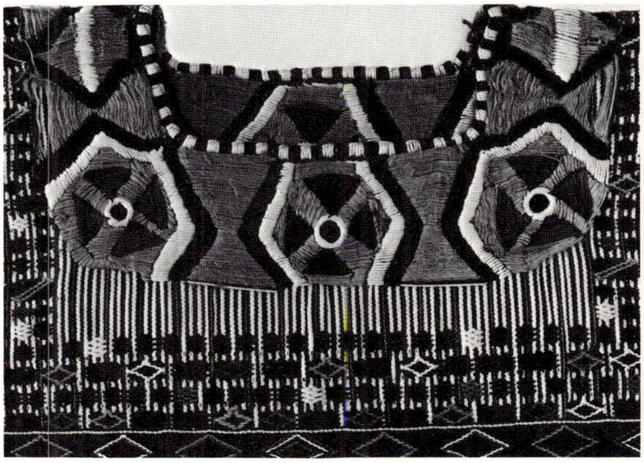

Todos Santos

Nebaj

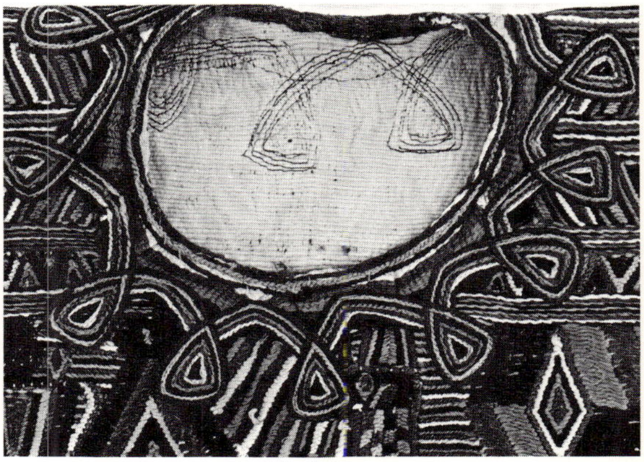

Zacualpa

Nebaj

Cotzal

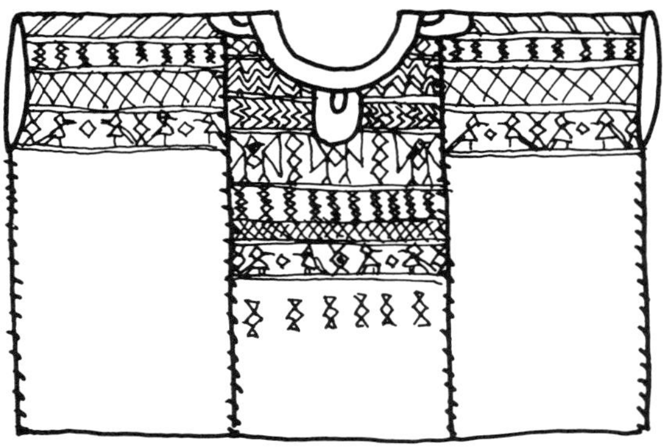

San Pedro Necta

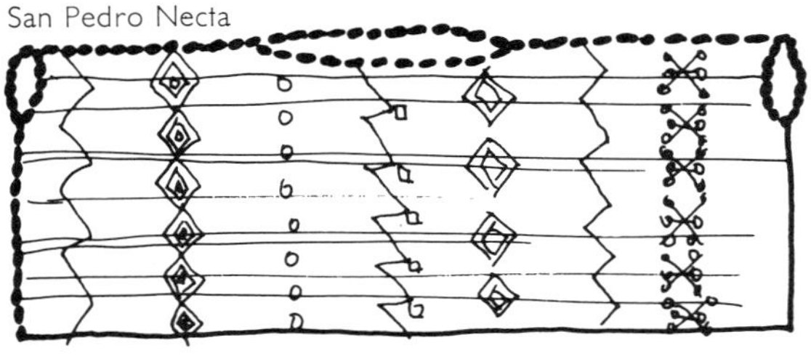

Cobán

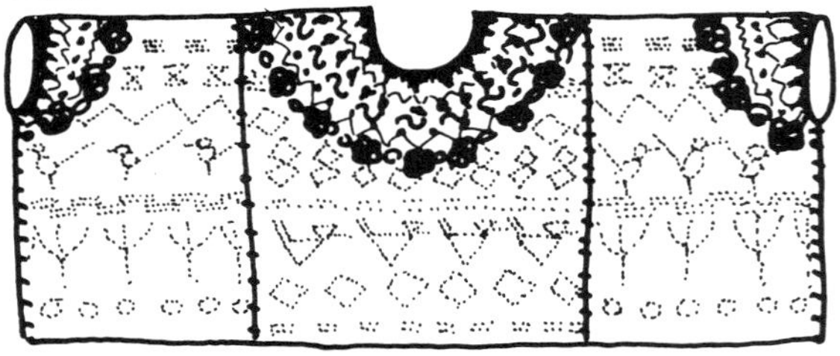

San Mateo Ixtatán

San Lucas Tolimán

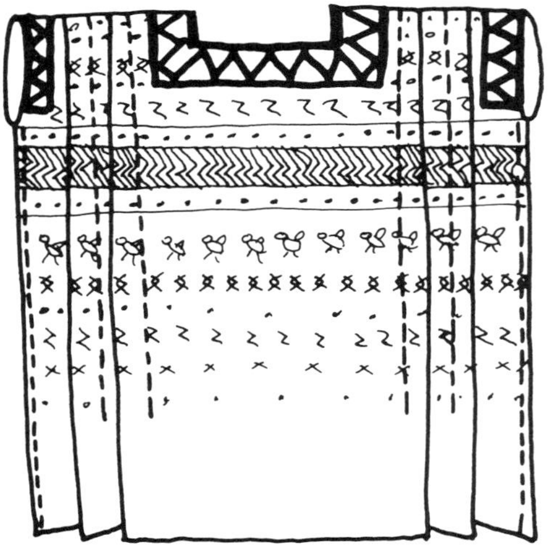

Todos Santos

San Antonio Aguas Calientes

Nahualá

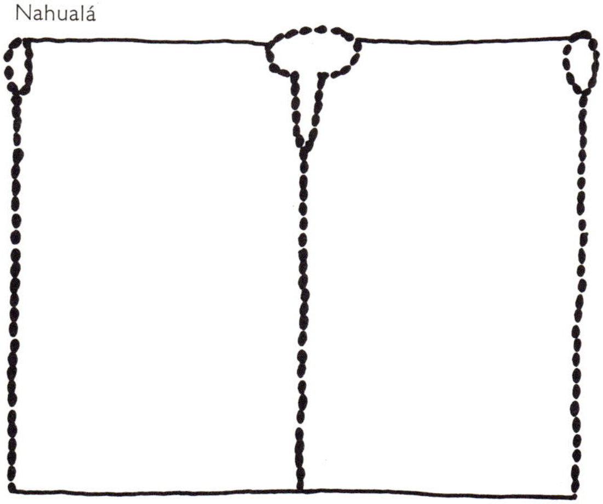

Nahualá

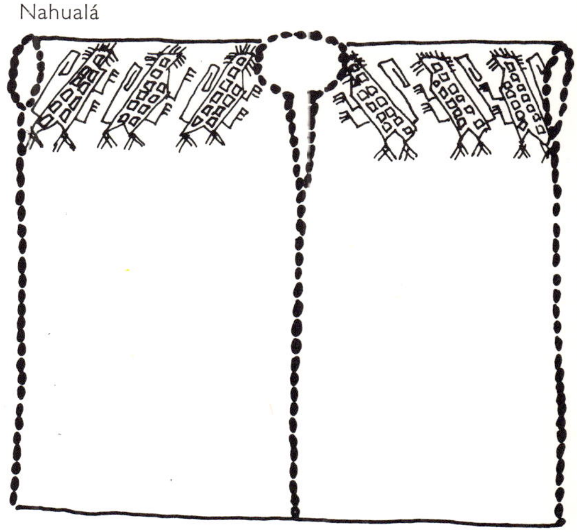

Sololá

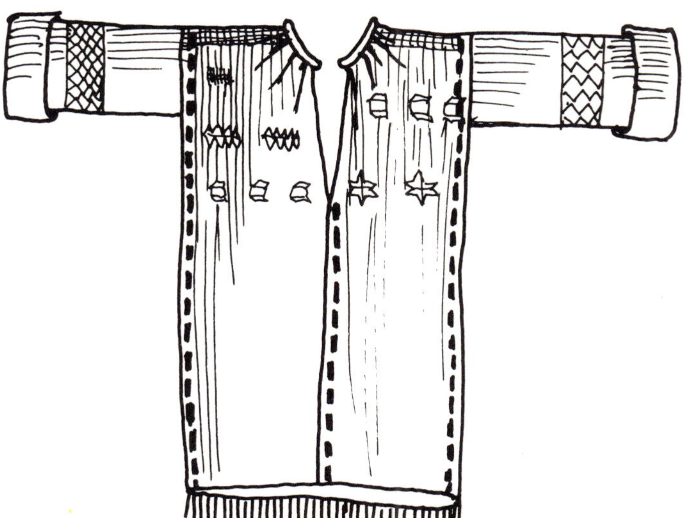

Rock (refajo)

1. Das Zuviel an Breite wir nach innen eingeschlagen

2. Der Rock wird gewickelt

3. Die Kreuzung der randas ist hinten zu sehen

Der Rock ist ein gerades Stück Stoff, das entweder als Wickelrock oder, übernommen von der spanischen Tracht, als weiter Faltenrock getragen wird. Die Länge reicht von kniekurz in gebirgiger Gegend über waden- bis zu knöchellang und kennzeichnet durch Variationen innerhalb eines Dorfes auch oft den Familienstand der Trägerin. Die Rockstoffe werden in genormter Breite zu 4,5 oder 5 m bzw. 7,5 oder 10 m als sogenannter *corte* verkauft. Ist der Stoff in schmalen Bahnen gewebt, wird er oft mit einer schmückenden Naht, der sogenannten *randa* (siehe Naht bei *huipiles*) verbunden, die in vielerlei Farben und Breiten zu finden ist. Die Verwendung von Seide, Baumwolle, Wolle oder Kunstfaser als Material dieser Schmucknaht deutet die soziale Stellung der Frau an.
Das Wickeln der oft zu einem Ring zusammengenähten Stoffe ist von Dorf zu Dorf verschieden. Oft sind einzelne Fältchen eingelegt (San Antonio Aguas Calientes) oder der Rock ist ganz eng geschnürt (San Juan Sacatepéquez, Nebaj). In Todos Santos gewährt eine grosse Falte in der Mitte grössere Bewegungsfreiheit, und in Palín zum Beispiel wird ein beträchtlicher Teil der Stoffbreite hinten kunstvoll in ein breites Faltenbündel gelegt. Meist wird der gewickelte Stoff von einem Gürtel zusammengehalten, wobei der obere Rand entweder darunter versteckt wird oder darüber hinausragt. In Santiago Atitlàn jedoch werden die Enden einfach um die Mitte verknotet und der Stoff wird so elegant ohne Gürtel gehalten.

Den langen, weiten in Fältchen gelegten Rock sieht man vorwiegend in Quetzaltenango, Mixco und in Alta Verapaz, der Gegend um Cobán.

Nicht nur die Form und Art des Tragens, auch die Farbe der *corte* ist traditionell bestimmt. Weit verbreitet sind die dunkelblauen Röcke, die durch feine weisse Längs- und Querstreifen, Karos und unterschiedlichste *randas* auf ihren Herkunftsort weisen (z. B. Nahulá, Palín, Todos Santos, Santa María de Jesús, Sololá).

Die rot-gelb gestreiften Röcke sind typisch für die Indianerinnen in der Gegend von Nebaj.

Eine besonders kunstvolle, wenn auch langwierige Art des Einfärbens ist *ikat*, von den Indianern auch *jaspe* genannt, die ausser in Guatemala nur noch in Zentralindien und Bali vorkommt. Es ist Aufgabe des Mannes, die Fäden so abzubinden und einzufärben, dass feinste Muster entstehen. Die prunkvollen *corte* aus Salcajá bei Quetzaltenango, dem Zentrum dieser *ikat*-Technik, werden auf den Märkten in ganz Guatemala verkauft.

Detail aus einem Stoff in ikat-Technik

Muñeca (Puppe)

Gürtel (faja)

Die *faja*, ein buntes Zubehör der Tracht, kann ein schmales Band oder eine breite Schärpe sein, ein- oder mehrmal um die Mitte geschlungen.
Das Material variiert zwischen Wolle, Baumwolle und sogar Seide. Manchmal ist der Gürtel nur einfach schwarz-weiss gestreift (Aguacatán), oft voll mit Mustern bewebt oder bestickt (San Antonio Aguas Calientes, San Pedro Sacatepéquez, Chichicastenango usw.), und hin und wieder werden nur an bedeutenden Stellen Muster angebracht (Nahualá). Ob die Enden lose fallen oder festgesteckt werden, ob sie glatt sind, Fransen oder Quasten als Abschluss haben, ist genauso an die Sitte des Ortes gebunden, wie das Tragen über oder unter Bluse oder Rock.
Das Festhalten des Rockes ist nicht die einzige Funktion des Gürtels. Oft wird das Geld, in kleine Tücher gewickelt, darin versteckt oder der Bauch einer schwangeren Frau mit der festen Schärpe gestützt.

Detail aus einem Gürtel aus Nebaj

Ausschnitt aus einem
Gürtel aus San Antonio

Männertzute aus Chichicastenango

Tuch (tzute, servilleta)

Frauentzute aus Zacualpa

Ein wichtiger Teil der Tracht der Frauen und der Männer ist das Tuch, das für viele verschiedene Zwecke benutzt wird.
Die kleineren, meist weissen Tücher, *servilletas* genannt, dienen vorwiegend zum Einwickeln des Essens und zum Warmhalten der *tortillas*. Andere kleine Tücher werden gedreht und zu einem Ring gewunden und als Schutz und zum besseren Halt zwischen Kopf und getragener Last gelegt.
Mit grösseren Tüchern, meist in den typischen Farben des Dorfes gewebt, werden Kinder und Waren getragen, Körbe zugedeckt, Bündel geschnürt und vieles mehr.
Um sich vor der Sonne zu schützen bzw. in der Kirche die nötige Achtung zu beweisen, legt sich die Indianerin einen gefalteten *tzute* auf den Kopf. In manchen Orten trägt der Mann den *tzute* als Kopftuch oder wickelt ihn um den Strohhut.
Eine ganz spezielle Verwendung eines langen Tuches sieht man in Santiago Atitlán. Hier knöpft die Trägerin die Waren in jedes Ende und wirft sich die beiden Bündel über die Schulter.
Wird der *tzute* nicht gebraucht, wird er, streng nach Vorschrift, links oder rechts über die Schulter gehängt, um den Arm oder auf den Kopf gelegt.
Tücher mit speziellen Symbolen dienen religiösen Zwecken. Der Indianer transportiert in ihnen seine Opfergaben, trägt damit Kerzen und Heiligenstatuen.
Riesengrosse *tzute*, ähnlich einer Decke (*rebozo*, *tapetes* genannt), schützen in höher gelegenen Regionen (Zunil, Nebaj, Chajul) Mutter und Kind vor Kälte.
Leider werden in einigen Orten die farbenfrohen, phantasievoll gearbeiteten Tücher durch billige, bedruckte Stoffe und grelle Handtücher ersetzt, und die Bewohner Guatemalas entfernen sich damit wieder ein kleines Stück von ihrer Tradition.

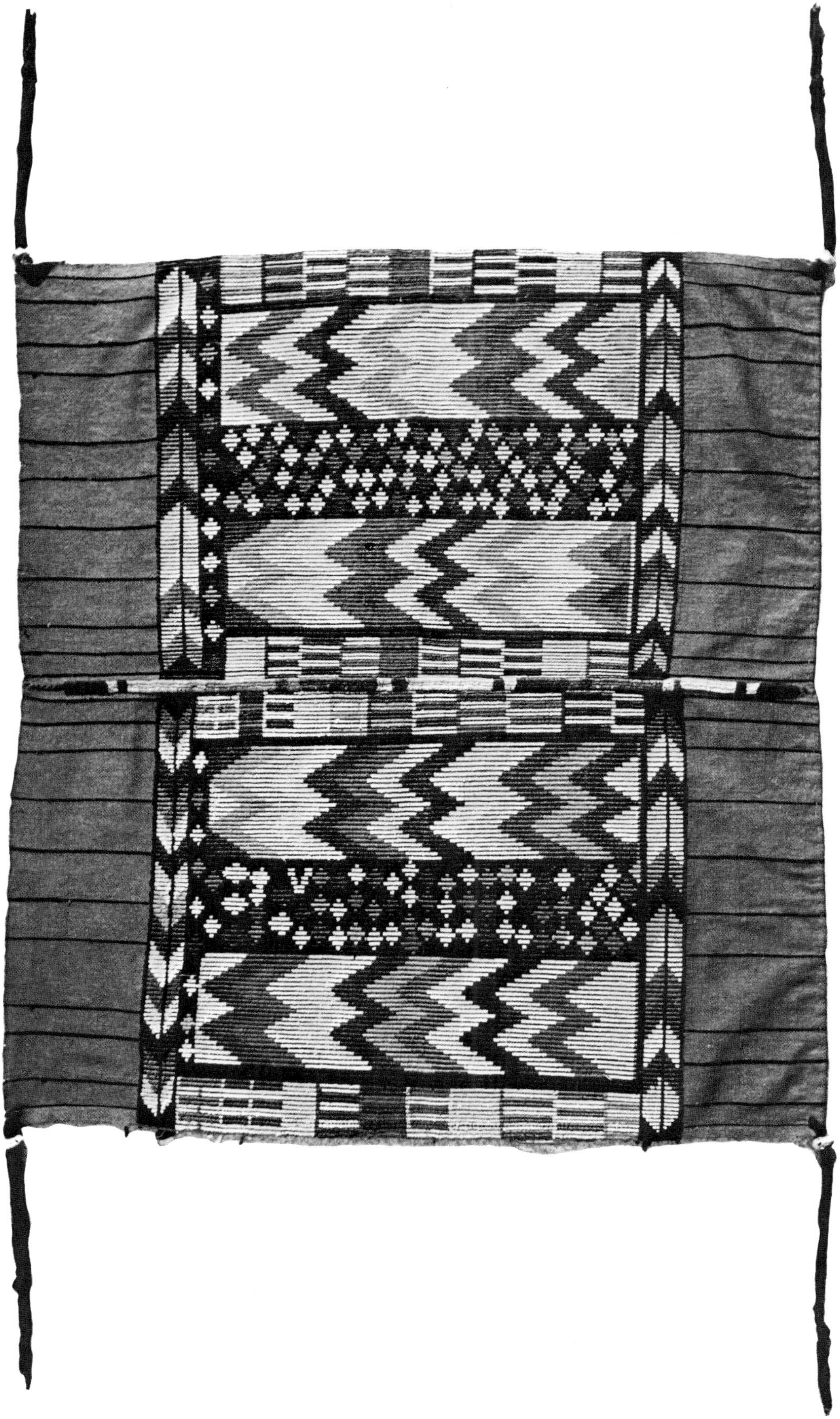

Haarschmuck (tocojal, tupui, cinta)

Die traditionell gestaltete Haartracht der Indianerinnen von Guatemala reicht vom einfachen Zopf, der manchmal um den Kopf geschlungen ist, über eingeflochtene Bänder und Kordeln bis zu grossen Tüchern mit Quasten, die kunstvoll drapiert werden.
Im grossen und ganzen unterscheidet man den *tocojal*, Wollsträhnen, die mit den Haaren verflochten werden, wie man es in Santiago Sacatepéquez noch sieht, den *tupui* und die *cinta*. Der tupui war ein Zeichen der älteren verheirateten Frau höheren Ranges in Cobán. Heute ist diese Haartracht aus 3 m langen roten Wollkordeln nur noch äusserst selten bei zeremoniellen Anlässen zu sehen.
Am meisten werden *cintas*, Haarbänder aus Baumwolle, Wolle oder Seide in den unwahrscheinlichsten Längen und Breiten, verziert mit Quasten und Troddeln, getragen.
In Santiago Atitlán zum Beispiel wird ein 5 cm breites und 8,5 m langes rotes Baumwollband, das im letzten Teil bunte Muster zeigt, zuerst in die Haare und dann so lange um den Kopf gewickelt, bis ein breiter flacher Ring entsteht. Das bunte Haarband von San Christóbal Totonicapán ist lang und schmal, aus Seide gewebt und hat an den Enden Troddeln und lange gedrehte Fransen, die, fertig gewunden, seitlich herunterhängen. Die Frauen von Sacapulas schmücken ihre Haarbänder mit überdimensional grossen Wollquasten, die sie seitlich auf dem Kopf drapieren.
Unter den vielen Variationen möchte ich noch zwei besondere herausgreifen: Da wäre das türkisbewebte Band von Aguacatán, das während des Einflechtens und Eindrehens rund um den Kopf einmal über den Hinterkopf geführt wird und so die schönen Muster ein bisschen sichtbar werden lässt. Die 3 m lange und 50 cm breite *cinta* von Nebaj sitzt als grosser gedrehter Kranz auf dem Kopf.

Die feingewebten Haarbänder aus Aguacatán stehen in schönem Kontrast zur maschinenbestickten Bluse

Einen halben Meter breit und 3–4 m lang ist das Haarband,
das sich die Frauen aus Nebaj kunstvoll ins Haar binden

Die Männertracht

Leider tragen die Männer nur mehr in wenigen Orten ihre traditionelle Kleidung, die grösstenteils von der spanischen Tracht des 16. und 17. Jahrhunderts abgeleitet ist.
In den meisten Dörfern kleiden sich die Indianer heute in europäischer Art, wenn sie auch in knöchellangen Hosen, kurz getragenen Jacketts und Strohhut ihren Geschmack zeigen. Manchmal sieht man die rote Schärpe als Überbleibsel der Tracht, die noch in der letzten Generation bei den Männern weit verbreitet war.
Doch immer noch gibt es Dörfer, wo die Indianer streng nach Vorschrift ihre Kleidungsstücke zusammenstellen und teilweise auch ihre Utensilien selbst herstellen. Eine vollständige Tracht für den Alltag haben wir in Dörfern um den Atitlánsee, ausserdem in Sololá, Chichicastenango, Todos Santos, San Martín Chile Verde und Nahualá gefunden. In einigen anderen sieht man sie vereinzelt bei alten Männern höherer Stellung und bei zeremoniellen Anlässen.

Die Teile der Tracht

Hose (pantalón)
Da gibt es die grobe Unterscheidung der dünnen Baumwollhose, kniekurz, waden- oder knöchellang, die in den Farben des Dorfes oder weiss, mit oder ohne Muster gewebt ist und der wollenen Überhose, die man in kälteren Regionen sieht. Meist ist letztere aus dunkler Wolle, vorne bis zum Bund hinauf geschlitzt und mit Schnüren und Knöpfen verziert (Todos Santos). In Chichicastenango sind seitlich an der knielangen Hose freihängende abgerundete Teile angebracht, die je nach Stand und Alter mit einem entsprechend grossen Sonnensymbol bestickt sind.

Hemd (camisa)
Die bunten, oft gestreiften Baumwollhemden werden normalerweise in die Hose gesteckt. Eine Ausnahme bildet das lange weisse Hemd von San Martín Chile Verde mit den dicht bewebten roten Unterärmeln, das darübergetragen und mit einer breiten Schärpe gehalten wird. In Sololá und San Pedro la Laguna werden auch in Abbindetechnik (*ikat*) eingefärbte Fäden verwebt. Die Hemden können kragenlos oder mit lang herunterhängenden bunt gewebten Krägen (Nahulá, Todos Santos) getragen werden.

Gürtel (cincho, banda, cinturón)
Der Mann verwendet sowohl schmale als auch breite Schärpen, die meist bunt bewebt sind und in weit herunterhängenden losen oder in sich verknoteten Enden auch oft mit

Fransen oder Quasten geschmückt sind, ganz wie es die Tradition seines Dorfes verlangt. Die Schärpen, die bei zeremoniellen Anlässen von älteren und höher gestellten Männern getragen werden, sind besonders weit und lang und mit eingewebten Stammessymbolen verziert.

Schurz (poncho, ponchito frazada, rodillera)
In einigen Orten tragen Indianer um die Mitte geschlungen eine meist schwarzweiss karierte Wolldecke. Sie wärmt und wird z. B. beim Knien abgenommen und unterlegt. In Nahualá verdeckt der kniekurze rockähnliche Schurz die weisse, mit roten Tieren verzierte Unterhose. Der Mann bereitet die Wolle selbst auf und webt diesen Schurz auf dem Trittwebstuhl.

Jacke (saco, chaqueta)
Die Wolljacke mit Kragen und vielen Taschen ist kurz und sakkoähnlich. Die mit schwarzen Borten erzeugten Ornamente verzieren Kragen, Manschetten, Taschen und den Rückenteil oben. Viel Verzierung und vielleicht sogar noch eingewebte Muster deuten auf eine höhere soziale Stellung des Trägers hin, genauso wie die Farbgebung der Jacke, die natürlich für einen gewissen Ort immer typisch ist.

Umhang (capixaij, gabán)
Eigentlich ursprünglicher als die Jacke ist der Wollumhang. Es ist ein kragenloser Umhang aus dunkler Schafwolle, meist nur mit den natürlichen Wollfransen verziert. Es gibt kurze Umhänge (Nahualá, Todos Santos) und andere, die bis über das Knie getragen werden (San Martín Chile Verde). Da dieses Bekleidungsstück ein Teil der Tracht ist, wird es von einigen Stämmen auch dann nicht abgelegt, wenn sie sich vorübergehend in feuchtheissen tieferen Regionen aufhalten.

Hut-Tuch (sombrero-tzute)
Fast immer trägt der Indianer einen Hut, nur vereinzelt (Chichicastenango) ein gebundenes Tuch und oft beides (Todos Santos, Sololá).
In einigen Fällen ist der Hut mit einem Leder- oder Baumwollband verziert, und bei Männern des höchsten Ranges wird der flache Strohhut schwarz eingefärbt (Sololá).
Oft ist das Tuch auch um den Hut gewunden oder ein zweites über die Schulter gelegt. Dieser *tzute* ist meist in den Farben des Dorfes gewebt und mit Figuren oder traditionellen Mustern geschmückt.
In Chichicastenango ziert eine Quaste die Enden des Tuches.

Morgennebel liegt
noch über den Hütten
von Todos Santos

Zwei alte Indianer von
Todos Santos
in ihrer Tracht

San Pedro la Laguna: Indianer während der Arbeit auf dem Feld

Tasche (bolsa, morral, matate, red, guangocha)

Grösse, Form und Farbe einer Tasche sind wiederum kennzeichnend für einen Ort. Sie wird immer vom Mann selbst hergestellt, egal ob gestrickt (Nahualá, Sololá, Zacualpa), gehäkelt (Todos Santos) oder gewebt (Chichicastenango). Für uns ist es vielleicht ungewohnt, einen Mann mit seinem Strickzeug anzutreffen. Dort ist es ein uralter Brauch, den die Indianer gut beherrschen. Sie zaubern oft unwahrscheinliche geometrische Muster oder Figuren auf ihre Taschen, die persönliche Dinge, wie Essen, Geld und Papiere, natürlich auch oft Opfergaben für die Götter bergen.
In Nahualá und Sololá wird die Öffnung dieses immer mitgeführten Zubehörs mit einer übergeworfenen kleinen Wolldecke verschlossen.

Sandalen, Schuhe (sandalias, zapatos)

Der Mann trägt im Gegensatz zur Frau durchwegs Lederschuhe oder kunstvoll geflochtene Sandalen, die oft noch mit andersfarbigem Leder oder Seidengarn verziert sind.

Ein Indianer aus San Martín Chile Verde lässt sich die Schuhe putzen

Santiago Atitlán

Sololá

San Antonio Aguas Calientes

Chichicastenango

Ixtahuacán

San Juan Sacatepéquez

Nahualá

Todos Santos

Einige interessanten Trachten Guatemalas

Sololá

Der Ort mit der grossen weissgetünchten Kirche liegt 500 m über dem Atitlánsee mit Blick auf die umliegenden Vulkane. Jeden Dienstag und Freitag ist grosser Markt, zu dem Indianer aus der ganzen Gegend kommen. Der Haupterwerb liegt im Anbau von Zwiebeln.

Jacke
In weisser und dunkler Wolle gestreift, kurz, mit Kragen und Taschen. Am Rücken und Kragen, an den Taschen und Ärmeln sind mit schwarzen Borten Ornamente appliziert.

Schurz
Der karierte Schurz ist aus dunkelbrauner und weisser Wolle. Die Männer bereiten sie selbst auf und weben die Decke auf dem Trittwebstuhl. Ein zweiter Schurz liegt oft zusammengefaltet über der Tasche.

Schuhe
Die Schuhe sind aus Leder. Sie sind vorne geschlossen bis auf ein kleines Zehloch, werden geschnürt und hinten von einem schmalen Riemen gehalten. Oft sind sie zusätzlich mit hellerem Leder und Lochmuster verziert.

Hose
Die Hose ist wadenlang. Sie ist vorwiegend in rot, aber auch mit feinen Streifen blau, gelb, orange gewebt mit punkthaften *ikat*-Mustern dazwischen. Oft ist die Hose mit geometrischen Mustern bewebt, die Korn, Blumen und sonstige Symbole darstellen.

Hut und Tuch
Um den flachen Strohhut mit Rand wird der *tzute*, das Tuch, kunstvoll geflochten. Bei den höhergestellten Indianern wird ein schwarz eingefärbter Strohhut mit gewebtem Band darum und darunter der *tzute* als Kopftuch getragen.

Hemd
Oft gleich wie die Hose, also rot gestreift. Manchmal aber auch in blau, lila und violett. Dazwischen *ikat*-Fäden eingewebt, die ein unruhiges Bild ergeben.

Tasche
Der Mann strickt sie selbst aus weisser und dunkler Wolle, mit Ornamenten und Reitermotiven.

Gürtel
Hier verdeckt. Breiter Stoff in denselben Farben und Streifen wie die Hose (rot, blau, weiss, *ikat*). Das Ende hängt vorne lose herunter. Manchmal bewebt.

Santiago Atitlán

Santiago Atitlán liegt in einer Bucht am Atitlánsee am Fusse eines Vulkans. Der Samstagmarkt bietet wunderschöne Früchte. Auch die Männer dieses Ortes tragen eine Tracht. Es sind lila-weiss-gestreifte knielange Hosen mit bunten Vögeln bestickt, ebensolche Hemden und dazu rot-gestreifte Gürtel.

Die Indianerin hält dem Säugling die Hand vor die Augen, um ihn vor dem bösen Blick zu schützen, der, von Betrunkenen, Fremden und Fotoapparaten ausgehend, Unglück bringt. Auch eine rote Haube hält das Böse vom Kind fern.

Bluse
Weiss bunt gestreift mit querliegend eingewebten Mustern in rosa, lila, blau, rot und violett. Halsausschnitt betont. Eine andere Art *huipil* aus Santiago Atitlán hat auf lila-weissem Grund viele aufgestickte Vögel.

Rock
Der *refajo* wird verknüpft und hält ohne Gürtel. Meist ist er rot, violett oder blau abwechseln mit feinen *Ikat*mustern in Längsstreifen.

Haartracht
Ein 8,5 m langes rotes Baumwollband, das am Ende bunt bewebt ist, wird zuerst um die Haare gewickelt und dann so lange um den Kopf geschlungen, bis ein flacher Ring entsteht.

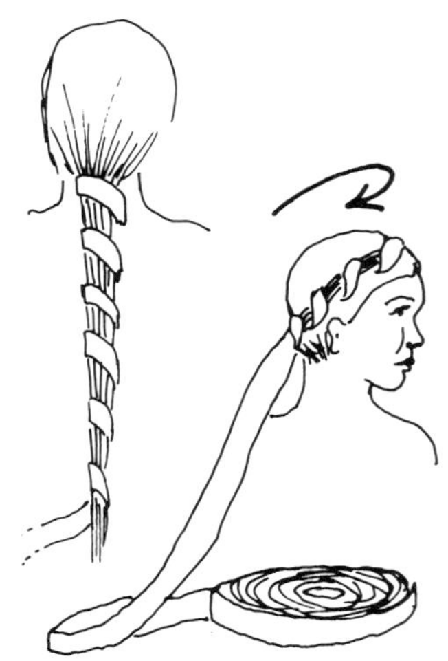

Tragetuch
Die meisten Dinge werden in Körben auf dem Kopf getragen. Zusätzlich dienen aber oft sehr lange schwarz, weiss, rot, blau und gelb karierte *tzute* der Beförderung von Waren. Sie werden in die Enden eingeknüpft und das Tuch über die Schulter gelegt.

San Juan Sacatepéquez

San Juan Sacatepéquez liegt in der Nähe der Hauptstadt. Täglich kommen Indianerinnen mit Körben und Bündeln voll Blumen nach Guatemala City, um sie auf dem Markt zu verkaufen. Sie pflanzen auch Gemüse an und stellen die flachen Tonteller her, die sogenannten *comales*, auf denen auf offenem Feuer die *tortillas* (Maisfladen) gebacken werden. Die Männer dieses Dorfes, die vor allem als Holzfäller spezialisiert sind, tragen heute keine Tracht mehr. Früher waren auch sie in Gelb und Lila gekleidet.

Tuch
Das Tuch ist gelb-lila-gestreift, mit einer Schmucknaht versehen und hat in den Ecken eingewebte Tiere.

Gürtel
Eine breite lila-gelb (rot-) gestreifte Schärpe mit grossen eingewebten Tieren wird bis unter die Brust geschlungen.

Haarschmuck
Die Frauen flechten sich schwarze oder violette Wollsträhnen, sogenannte *tocojal*, in die Haare. Die Grösse der Haartracht weist auf den sozialen Rang der Trägerin hin.

Bluse
Der zweiteilige breite *huipil* ist lila-gelb (rot-) gestreift und hat entweder nur an den Schultern oder über den ganzen Stoff verteilt abstrahierte Tiere in gelb, rosa, violett, blau und grün eingewebt. Die Bluse ist seitlich offen und so gefaltet, dass kleine Ärmel entstehen.

Rock
Der dunkelblaue Rock mit weissen feinen Karos wird sehr lang getragen und ragt oben sogar noch über den Gürtel hinaus. Die Ziernaht ist auffallend breit und vorwiegend in lila gehalten. Die Nahtkreuzung ist hinten seitlich.

Nahualá

Der Ort liegt nur wenig abseits des Pan American Highway. Die ziegelgedeckten Lehmhütten passen sich beinahe unbemerkbar der rotbraunen Landschaft an. Grell ragt die weisse Kirche mit der Kuppel hervor. Am Sonntag ist Markt auf dem Platz vor der Kirche. Man sieht nur *Indios*. Es war bis vor kurzem streng verboten, als Nicht-Indianer im Dorf zu übernachten. Die Einwohner stellen Masken aus Holz her und *metates*, Steine, um den Mais für die *tortillas* zu mahlen.

Wolljacke

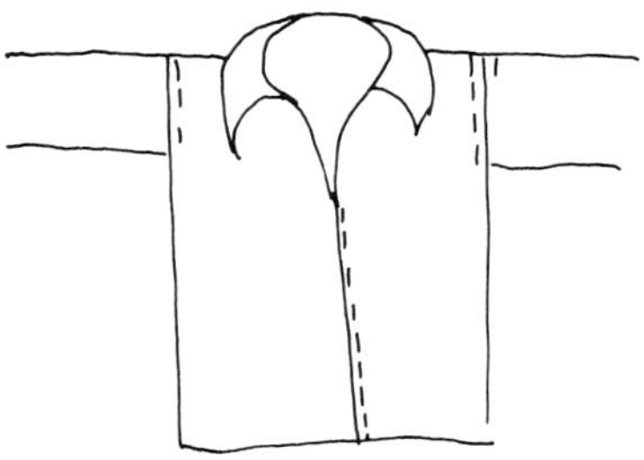

Schwarz. – Vom Mann gewebt.

Schuhe, Gürtel

Ledergürtel hält Hose und Schurz fest. Lederschuhe mit Zehloch und Fersenriemen.

Unterhose

Weisse Baumwolle. Tiere mit roter Seide eingewebt. Kniekurz. Nur bei speziellen Anlässen ohne Schurz getragen.

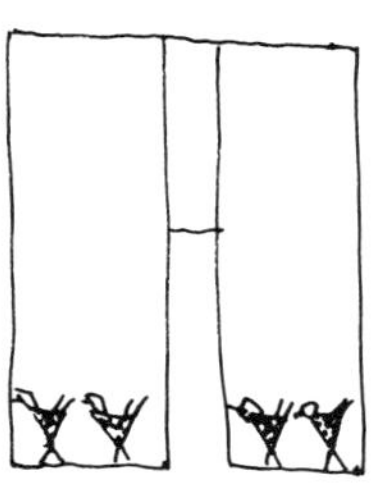

Hemd

Meist rot-gestreift. Manschetten und Kragen werden separat gewebt (gelb vorherrschend) und angenäht. Der Kragen ist über der schwarzen Jacke zu sehen.

Hut und Tuch

Dunkler Filzhut.

Tzute: Dunkelblau mit feinen roten Streifen und buntquergestreiften Tieren. Wird über die Schulter getragen. *Cofradía* (Führungspersonen): bei zeremoniellen Anlässen grosser weisser *tzute* mit Doppeladler aus roter Seide als Kopftuch.

Schurz

Schwarz-weiss-kariert, kniekurz, einem Wickelrock ähnlich getragen. Die handgesponnene Wolle wird auf dem Trittwebstuhl vom Mann gewebt. Die Zeichnung zeigt den Indianer beim Karden der Wolle.

Tasche

Schwarze und weisse Wolle; von den Männern gestrickt. Die Arbeit ist feiner als in den umliegenden Gebieten. Meist Pferde und andere Figuren kunstvoll eingestrickt.

Nahualá

Bluse
Die Zeichnung zeigt den *huipil* einer Indianerin höheren Ranges *(cofradía)*. Der besonders weite und lange *huipil* ist weiss, hat auf der Brust in rot-lila einen Doppeladler, an der Schulter Tiere und am Rükken rosarote aufgenähte Bänder.
Im Alltags*huipil* zeigt die Indianerin anhand der Anzahl der mit roter Seide eingewebten Tiere und geometrischen Muster ihren Reichtum. Oft sind geometrische Muster, meist Zakken, auf Brust und Schultern, häufig nur eine Reihe Tiere an den Schultern angebracht. Manchmal ist die rote *randa* der einzige Schmuck des weissen *huipiles*.

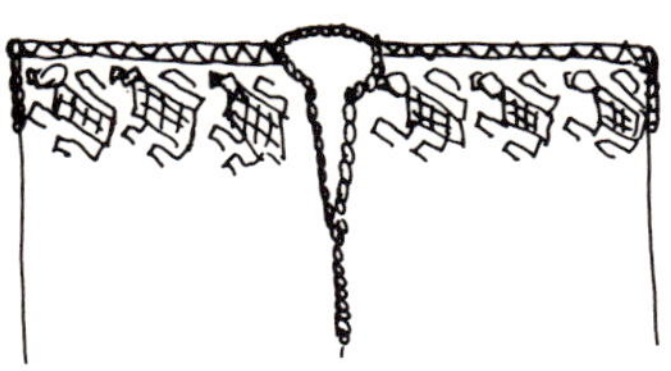

Rock
Dunkelblauer Rock. Die Bahnen werden mit feiner *randa* in bunten Farben verbunden. Beim Wickeln nicht zu eng geschnürt. Knöchellang getragen.

Haarschmuck
Die Haare werden eng zu Strähnen gedreht und vorne zu kleinem Knoten geschlungen.

Gürtel
Die *faja* ist dunkelblau mit ab und zu feinen roten Längsstreifen. Am Ende der Schärpe oder wie auf der Zeichnung verteilt sind grell-rosa Muster in Rechteckform eingewebt. Entweder geometrische Formen oder Doppeladler.

Spielzeug
Wie überall haben die Kinder heute Plastikpuppen. Früher waren sie aus Holz. In Nahualá werden besonders schöne Steinschleudern geschnitzt.

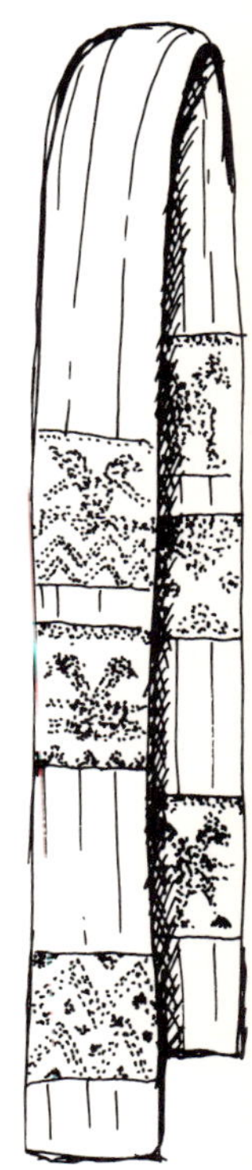

Tuch
Einfache grosse buntgestreifte Tragetücher, die auch als Wärmeschutz dienen.

Chichicastenango

Einer der berühmtesten Märkte von Guatemala findet donnerstags und sonntags in Chichicastenango statt. Zu den beiden gegenüberliegenden Kirchen am Hauptplatz führen Stufen, auf denen die Indianer kniend ihre Rauch- und Brandopfer darbringen. Die Männer des Ortes tragen eine spezielle Tracht, bestehend aus kniekurzer Hose und kurzer Jacke, beides aus dunkler Wolle und rot bestickt. Den bunt bewebten *tzute* tragen sie als Kopftuch.

Tuch
Die früher mit vielen Tieren bewebten Tücher werden heute durch gestreifte grosse *tzute* ersetzt. Die Farben halten sich trotz Buntheit in rosa-lila Tönen. Die beiden schmalen Stoffbahnen sind mit einer Schmucknaht, der *randa*, verbunden. In Chichicastenango findet man auch sogenannte Fruchtbarkeitsbilder. Sie zeigen immer eingewebte Tiere in Paaren und sollen über der Schlafstelle hängen.

Rock
Der Rock ist längsgestreift, wobei einige Streifen *Ikat*muster zeigen. Er wird kniekurz getragen, was das Gehen in der gebirgigen Gegend erleichtert. Eine auffallend breite Naht verbindet die Stoffteile, wobei die Kreuzung hinten zu sehen ist. Neuerdings werden Lurexfäden mitgewebt.

Gürtel
Auf ein schwarz-weiss gewebtes Band werden Rhomben, Zacken und Blumen eingewebt, so dass es völlig bedeckt ist.

Haartracht
Breite Bänder werden in die Haare geflochten und der *tzute* zusammengefaltet zum Schutz gegen die Sonne auf den Kopf gelegt.

Bluse
Der *huipil* zeigt dicht bewebte Muster (geometrische Formen und Blumen). Um den Halsausschnitt ist die Sonne symbolisiert und vier Samtkreise deuten die

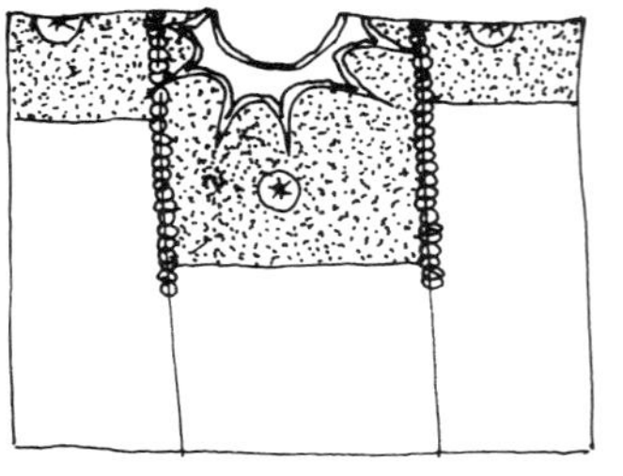

Phasen des Mondes an. Die Stoffteile sind mit einer schmückenden *randa* verbunden. Die Bluse wird über dem Rock getragen und bildet hinten eine grosse Falte.

Todos Santos Cuchumatán

Das Dorf mit reiner Indianerbevölkerung liegt abgeschieden in den Bergen, mit einer kurvigen Staubstrasse mit Huehuetenago verbunden. Die Bevölkerung lebt noch streng nach den alten Maya-Riten und Männer, Frauen und Kinder tragen die Tracht, die mit Wollhosen, Wolljacken, Hut und Schuhen der kalten Region angepasst ist.

Hemd
Weiss mit dünnen roten, blauen und orangen Längsstreifen. Oft ist die Mitte mit dunkleren Streifen betont. Kragen und Manschetten sind dicht mit geometrischen Mustern bewebt, vor allem rot.

Überhose
Aus schwarzer dicker Wolle hergestellt. Vorne geschlitzt, hinten freihängende Teile. Weisse Knöpfe. Bunte Bänder.

Sandalen
Ledersandalen werden auf dem Markt massangefertigt.

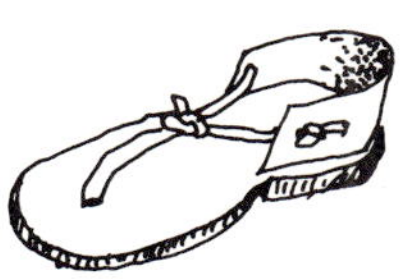

Hut und Tuch

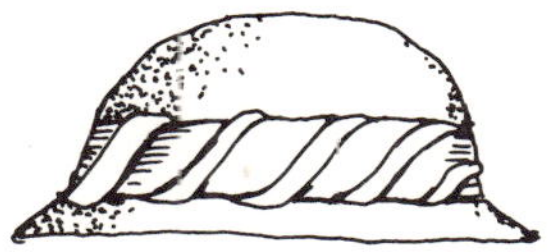

Strohhut mit Lederband darum, um das ein Stoffband gewickelt ist. Oft wird der *tzute* daruntergetragen.

Jacke
Früher schwarz-weiss-gestreifte, heute dunkelblaue Jacken, oft mit eingewebtem Kornmuster. Auch dunkelbraune Wollponchos mit V-Ausschnitt, Fransen, Maschinennahtborten und Armlöchern unter den Ärmeln.

Tasche
Geometrische Muster streifenförmig angeordnet. Wird vom Mann selbst gehäkelt.

Gürtel
Rot gestreift mit geometrischen Webmustern und Wollquasten an den Enden.

Hose
Die lange Baumwollhose ist rot-weiss-gestreift. Früher dicht bewebte Querstreifen mit geometrischen Formen in Rottönen. Wird von Überhose und Gürtel gehalten.

San Ildefonso Ixtahuacán

Das Dorf liegt abseits der Hauptstrasse in Richtung mexikanischer Grenze in einem Tal mit einem kleinen Fluss. Da der Autobus nur abends in Richtung Ixtahuacán und zeitig am Morgen wieder wegfährt und es kein Hotel gibt, muss man als Besucher zu Fuss oder, falls man Glück hat, mit Lastwagen mitfahrend, sein Ziel erreichen. Der kleine saubere Ort ist aber die etwas ungewisse und beschwerliche Reise wert.

Haartracht
Ein schmales, aber sehr langes rotes Baumwollband wird um die Haare gewikkelt und mit den Enden vorne ein kleiner Knopf mit Schlaufe angebracht. Bei jungen Mädchen wird oft der lange Pferdeschwanz mit dem roten Band geschmückt.

Rock
Der Rock ist rot-, gelb-, blau-quergestreift und mit mehr oder weniger geometrischen Mustern in der Längsachse bewebt. Auch in Colotenango und San Rafael sieht man ähnliche Röcke, die wie in San Ildefonso Ixtahuacán auf dem Hüfwebgerät hergestellt sind.

Tuch
Der *tzute* ist ein einfaches Baumwolltuch in rot-weissen oder bunten Streifen.

Bluse
Der ausgesprochen breite *huipil* reicht knapp bis zur Hüfte und wird lose über dem Rock getragen. Er ist weiss oder rot-weiss-gestreift und hat auf Schultern, Brust und Rücken tupfenartig geometrische Muster eingewebt. Der Halsausschnitt ist breit bestickt.

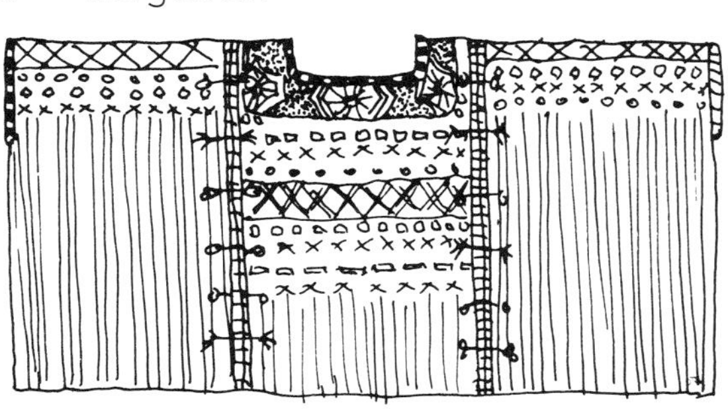

San Antonio Aguas Calientes

San Antonio Aguas Calientes ist ein kleines Dorf in der Nähe von Antigua, der früheren Hauptstadt Guatemalas. Die strohgedeckten Lehm- oder Bambushütten sind hinter Bambuszäunen versteckt. San Antonio Aguas Calientes ist eines der berühmtesten Webdörfer, und die zahlreichen Touristen können den Frauen vor den Verkaufsständen bei ihrer Arbeit zusehen. Die Zeichnung zeigt eine Frau beim Herstellen der *tortillas*.

Haartracht
Breite Stoffbänder in leuchtenden Farben schmücken zwei Zöpfe oder die Gretchenfrisur.

Gürtel
Die Gürtel sind in dezenten Farben gewebt, meist streifenartig, viele Tierdarstellungen.

Tuch
Heute werden quergestreifte Tücher gewebt. Früher wurden Streifen und Tiere in doppelseitig sichtbarer Webtechnik eingewebt und die Fransen kunstvoll verknotet.

Bluse
Der fein gewebte *huipil* hat die Betonung an den Schultern und um die Brust. Hier werden die breitesten, schwierigsten, oft doppelseitig gewebten Muster angebracht. Um den Hals- und Armausschnitt sind Samtstreifen und die vier Mondphasen genäht. Unter dem *huipil* trägt die Frau eine dünne weisse Baumwollbluse.

Rock
Den Rock kaufen die Indianerinnen auf dem Markt in Antigua. Er ist längsgestreift in blau-grün-lila-violett und dazwischen sind schwarzweiss feine *Ikat*muster eingewebt. Der Rock wird durch ein paar Falten etwas weiter gehalten, der Gürtel wird darübergebunden und lässt den oberen Rand sehen.

Spielende Kinder In Todos Santos

WORTERKLÄRUNG

arco espina	Dornenbögen
atoll	Maisstärke
banda	Gürtel
bandera	Fahne
bolsa	Tasche
camisa	Hemd
capixcij	Umhang
chaqueta	Jacke
cincho	Gürtel
cinta	Haarband aus Baumwolle, Wolle oder Seide
cinturón	Gürtel
cofradía	Oberschicht
corte	Stoff für einen Rock
faja	Gürtel
frazada	Schurz
gabán	Umhang
guangocha	Tasche
huipil	Indianerbluse
ikat	Einfärbetechnik
Indio	Indianer
jaspe	Einfärbetechnik
matate	Tasche
mecapal	Stirnband
metates	Steine zum Mahlen
morral	Tasche
mosquito	Mücke
muñeca	Puppe
ojetes	Lochmuster
pantalón	Hose
pepita	Korn
pie de chucho	Hundsspuren
ponchito	Schurz
poncho	Schurz
randa	Ziernaht
rebozo	Schal, grosses Tuch
red	Tasche
refajo	Rock
rodillera	Schurz
saco	Jacke
sandalias	Sandalen
Señorita	Dame
servilleta	kleines Tuch
sombrero	Hut
tapetes	Schal, grosses Tuch
tejida jaspe	gefleckte, marmorierte Weberei
tocojal	Wollsträhnen ins Haar geflochten
tortilla	kleiner Maisfladen
tupui	Haartracht aus 3 m langen roten Wollkordeln
tzute	Tuch
zapatos	Schuhe

LITERATURVERZEICHNIS

Donald und Dorothy Cordry, Mexican Indian Costumes, Austin 1968
Karin Hahn Hissink, Volkskunst aus Guatemala, Frankfurt 1971
Lena Bjerregaard, Techniques of Guatemalan Weaving, New York 1977
Gert Lindner, Freude am Werken, München 1964
Carmen Neutze de Rugg, Designs in Guatemalan Textiles, Guatemala 1974
Judy Ziek de Rodriguez, Nona M. Ziek, Weaving on a Backstrap Loom, New York 1978
Lilly de Jongh Osborne, Four Keys to Guatemala, New York 1939
Lilly de Jongh Osborne, Indian Crafts of Guatemala and El Salvador, Norman 1965
Paul Glassman, Guatemala Guide, Dallas 1977
Carmen L. Pettersen, Maya of (de) Guatemala, Guatemala 1976
Michael D. Coe, Die Maya, Bergisch Gladbach 1968
George E. Stuart, Gene S. Stuart, The Mysterious Maya, Kingsport 1977
Adrian Recinos, The Book of the Cakchiqueles, Norman 1953

AUTOREN

Helene Riedinger, geborene Malle, Kunsterzieherin und Graphikerin in Wien, und Rudolf Riedinger, Psychologiestudent, reisten mehrmals nach Mittelamerika, um sich mit der Webkunst der Maya auseinanderzusetzen. Acht Monate Forschungsarbeit in den Dörfern Guatemalas, davon 150 Stunden Webunterricht bei Indianerinnen, brachten einen interessanten Einblick in Leben und Weben der Maya-Nachfolger und damit eine Dokumentation einer alten Kultur an der Wende zur westlichen Zivilisation.